Der GRAND CANYON

EIN FENSTER DER ZEIT

von

STEWART AITCHISON

SIERRA PRESS
MARIPOSA, CA

INHALTSVERZEICHNIS

WIDMUNG:

Für Ann und Kate–S.A.

DANKSAGUNG:

Jeff Nicholas, Laura Bucknall und den
Mitarbeitern von Sierra Press haben den
Anstoß für dieses Projekt gegeben und dafür
gesorgt, daß es in den rechten Bahnen verlief,
dafür bedanke ich mich herzlich. Meine
besondere Anerkennung gilt auch Rose Houk
für ihre wertvolle Bearbeitung, Ellis Richard für
die Überprüfung von Fakten, allen Freunden,
die freundlicherweise das Manuskript
durchlasen und „Late for the Train" für
koffeinhaltige Unterstützung. Etwaige
verbliebene Fehler sind einzig und allein mir
anzurechnen.– S.A.

BUCHEINBAND VORN:
Yavapai Point im warmen Schein des
Sonnenuntergangs, South Rim. FOTO © DICK DIETRICH
BUCHEINBAND VORN, INNENSEITE:
Regenschauer im Abendschein, Cape Royal, North
Rim. FOTO © JACK DYKINGA
TITELSEITE:
Nach dem Gewitter, Spätnachmittag, Hopi Point,
South Rim. FOTO © LARRY ULRICH
SEITE 4/5:
Neben den Felsen des Marble Canyon wirkt der
Colorado River wie Zwergenwerk. Die Felswände des
Marble Canyon über dem Colorado River, nahe bei
Nankoweap Canyon. FOTO © LARRY ULRICH
SEITE 5:
Agave und Pinien-Zapfen. FOTO © JACK DYKINGA
DIESE SEITE (RECHTS):
Monduntergang über Wotans Throne,
Morgendämmerung, North Rim. FOTO © TOM BEAN
DIESE SEITE (UNTEN):
Prähistorische Piktogramme.
FOTO © STEWART AITCHISON
SEITE 8/9:
Mt. Hayden und Gebirgskämme von Point Imperial
aus gesehen, North Rim, bei Sonnenuntergang.
FOTO © CHARLES CRAMER

Der GRAND CANYON:

Colorado River unterhalb des Nankoweap Creek FOTO © CHRISTOPHER BROWN

Der schrille Ton der Dampfpfeife durchschnitt das azurblaue Firmament. Ich wurde auf meinem Sitz auf angenehme Weise hin und her gerüttelt, während der Zug in Richtung Norden schnaufte. Die Geschwindigkeit war angenehmschnell genug, um zu wissen, daß es bis zum Grand Canyon nur noch eine Stunde dauern würde, und langsam genug, um die vorbeiziehende Landschaft bewundern zu können. Unweit der Bahnstation von Williams ließen die Eisenbahnschienen erloschene Vulkane und vulkanische Aschenkegel hinter sich und verliefen leicht geneigt in eine mit *saltbush* und *rabbit brush* bewachsene Ebene. Ich erhaschte eine kleine Herde Gabelantilopen und dann ein paar Cowboys, die hinter einigen mageren Rindern herjagten. Schon bald passierten wir in eine Zwergwaldlandschaft mit Wacholderbüschen und Pinien auf einem Sagebrush-Teppich. In einer alten Werbebroschüre der Santa Fe Railroad wurde diese Gegend „Black Forest" (Schwarzwald) genannt. Aber noch kein Anzeichen des Grand Canyon.

Bei immer steiler werdendem Gelände fuhr der Zug allmählich so langsam, daß man hätte nebenherlaufen können. Anstelle des Zwergengehölzes wuchsen hier hohe Ponderosa-Kiefern. Eine Maultierhirschkuh und ihr Kitz stoben in Richtung Wald davon. Wir fuhren an einer Hütte vorbei, wo uns zwei Kinder mit einem struppigen Hund zuwinkten. Der Zug machte einen weiten Bogen nach rechts, blieb stehen und fuhr dann rückwärts auf einen anderen Schienentrakt. In „Ypsilonmanier" waren wir in die 1909 erbaute Santa Fe Railway Station eingefahren, eine von nur drei auch heute noch existierenden, im Blockhausstil gebauten Bahnstationen der Vereinigten Staaten. Doch wo war der vielgepriesene Grand Canyon?

Ich stieg aus, passierte die Bahnstation und folgt dem Weg einen Hügel hinauf. Dort oben stand das prächtige El Tovar Hotel, das die grandiosen Ferienhotels von Europa zum Vorbild hatte. Gegenüber des Hotels zu meiner Rechten befand sich ein bescheidenes Hopi-Haus, eine Nachbildung des jahrhundertealten Dorfes von Oraibi. Wenn die Bekleidung der Menschen und die Fahrzeuge nicht darauf hingewiesen hätten, daß man sich an der Schwelle des nächsten Jahrtausends befand, hätte man sich ohne weiteres in die vergangene Jahrhundertwende versetzt fühlen können. Ich lenkte meine Schritte hinter die historischen Gebäude und befand mich urplötzlich vor dem gewaltigen Abgrund des größten Canyons der Welt.

Das also war die sagenhafte Schlucht! Vor mir nichts als gähnender Abgrund und Felsen. Goldbeschienene Klippen ragten hinab zu einem purpurnen Abhang, der zu zinnoberroten Felskanten und neuen Abhängen führte. Darunter noch eine rosafarbene senkrechte Wand mit tief eingegrabenen Nischen und Grotten. Auf diesen Abgrund folgte ein weiterer Abhang, lang, grüngrau, der in einer breiten Felsbank auslief. Die Felsbank führte zum Rand einer dunklen, engen Felsschlucht: dem Bett des Colorado River.

Zunächst wirkt alles wie eine tote Leere, in der sich nur der Wind und die gleißende Mittagssonne ein Stelldichein geben. Doch dann fiel mein Blick auf den Saum verkrüppelter Bäume am Rand und die dunklen Punkte der Büsche im Innern des Canyon. Mauersegler schossen auf und ab, und auf den Aufwinden draußen an den Felskanten schaukelten einige Geier auf ihren bizarr nach unten geneigten Flügeln. Was hier leben will, muß eine außerordentliche Zähigkeit beweisen.

Selbst in meinem vierten Lebensjahrzehnt spüre ich noch „Schmetterlinge im Bauch" wie ein Kind, wenn ich dem Grand Canyon einen Besuch abstatte. Ich werfe einen kurzen Blick darauf, schaue woanders hin, blinzle ein- oder zweimal und wende mich dann wieder der Felsschlucht zu— dabei bin ich mir nie ganz sicher, ob sie nicht doch ein Gebilde meiner Phantasie ist. Schon bei meinem ersten Besuch als Kind wußte ich, daß ich diesen wundersamen Ort genauer erforschen und mir auf irgendeine Weise verständlich machen mußte. Ein Glück, daß ich im nahen Flagstaff wohnte. An Wochenenden und in den Ferien hatte ich Gelegenheit, die Wanderwege des Canyon zu erkunden und mir seine Topographie genauer anzusehen. Und später, als Biologe, ließ ich nicht locker, den komplizierten Wechselbeziehungen zwischen dem Canyon und den darin angesiedelten Lebewesen nachzuspüren.

Ich mußte mir schließlich eingestehen, daß sich dieser Ort wohl nie ganz ergründen läßt. Er ist einfach zu gigantisch, und seine Proportionen liegen so völlig außerhalb unserer Alltagserlebnisse, seine bombastischen Farbwände sind zu unwirklich, die Windungen seiner Landschaft zu absonderlich. Man kann sich die Statistiken zu eigen machen: 277 Flußmeilen lang, durchschnittlich 1600 Meter tief, knapp einen bis 33 Meter breit, eine Fläche von über 4047 Quadratkilometern, wobei ein Drittel der Erdgeschichte bloßliegen. Ein Ort, der von den Vereinten Nationen „World Heritage Site", das Erbe der Welt, betitelt wurde. Jeder Versuch, den Canyon im Film, in einem Gemälde oder in Worten festzuhalten, läßt dieses Naturwunder mit seinen unterschiedlichen Landschaftsstimmungen und geheimnisvollen Schauplätzen lediglich erahnen.

Für einen der frühen Endecker, John Wesley Powell, war der Canyon „The Great Unknown", das große Ungewisse. Nach seiner heroischen Reise im Jahr 1869 den Colorado River hinunter meinte er: „Der Grand Canyon läßt sich nicht auf einmal überblicken." Ein anderer Geologe, Clarence Dutton, stimmte zu: „Er läßt sich nicht in einem Tag oder einer Woche und auch nicht in einem Monat begreifen. Man muß ihn langsam erforschen und darf bei seinen Betrachtungen die tiefere Bedeutung und den Geist dieser eindrucksvollen Landschaft nicht außer acht lassen."

Selbst hundert Jahre später hält der Grand Canyon zahlreiche Geheimnisse

Hin und wieder dringt der Winterschnee tief in den Canyon vor. Blick vom South Rim.

für uns bereit - rätselhafte Zweigfiguren in schwer zugänglichen Höhlen, aus dem Erdboden heraussprudelnde Flüsse, eine eigentümliche Travertinquelle, die als Geburtsort der ersten Menschen verehrt wird, das zarte Grün von Elfengärten mit purpurnen Gauklerblumen, Akelei und Waldvögelein - Orchideen inmitten einer sonnendurchglühten Wüste, eine prähistorische Holzbrücke nach Nirgendwo oder Überallhin, Gerüchte von Miniaturpferden, Geisterstädten und versteckten Goldtöpfen, Meeresfossilien in Süßwasser-Kalkstein, Schmetterlinge wie sonst nirgendwo auf der Welt, die Explosion des Lebens im Kambrium. Ein Gewirr von Puzzle-Teilen, vom Grotesken zum Tiefgründigen, sind in einem Labyrinth von engen Felsschluchten verborgen. Und der Grand Canyon zieht uns mit magischer Kraft an.

Die Zugpfeife ertönt. Zeit zum Gehen. Aber ich komme wieder.

Colorado River in Marble Canyon unter Badger Rapid.

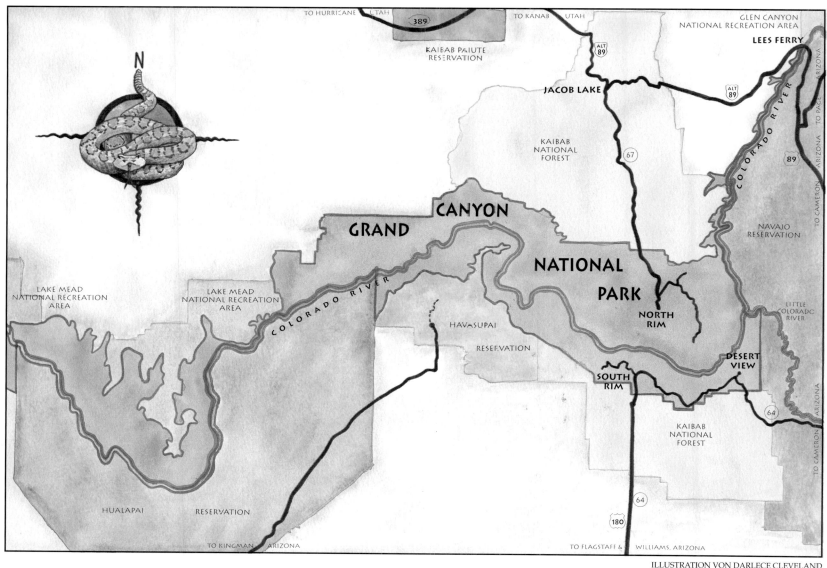

ILLUSTRATION VON DARLECE CLEVELAND

Millionen von Menschen haben einen Teil des Grand Canyon gesehen, in der Regel von den Asphaltstraßen am South oder North Rim aus. Zehntausende haben den Canyon vom Flußniveau aus betrachtet, während sie tapfer auf den Stromschnellen dahinfuhren. Einige wagen sich auf die steilen Wanderwege. Doch nur wenige sind mit dem ganzen Canyon eingehend vertraut und kennen Orte wie zum Beispiel Malgosa Canyon, Big Point Canyon, Willow Canyon, Boysag Point und Yumtheska Mesa, um nur einige der vielen wunderbar einsamen und unbekannten Orte zu nennen.

Der Grand Canyon als topographische Einheit erstreckt sich von Lees Ferry zu den Grand Wash Cliffs und befindet sich im südlichen Teil einer größeren physiographischen Region, dem Colorado-Plateau. Das Colorado-Plateau umfaßt das nordwestliche New Mexico, das westliche Colorado, den Großteil des östlichen und südlichen Utah und das nördliche Arizona. Diese Region setzt sich hauptsächlich aus horizontalen Schichten von Sedimentgestein zusammen, die durchschnittlich 1600 Meter über

Meereshöhe angehoben wurden. Diese Felsschichten wurden vom Colorado River und seinen unzähligen Nebenflüssen in einen Irrgang von Canyons eingegraben. Das geologische Wunderland des Colorado-Plateaus ist auf der ganzen Erde ohnegleichen.

Obgleich der Grand Canyon eine, wenn auch riesengroße, physikalische Einheit darstellt, ist er keine ökologische Insel. Eine mannigfaltige Gruppe von Behörden, jede mit eigenem Programm und oft aus Abteilungen mit unterschiedlichen Zielsetzungen zusammengesetzt, verwaltet den Canyon und seine Grenzgebiete. Verschiedene Abschnitte des Canyon unterstehen als Glen Canyon National Recreation Area, Grand Canyon National Park und Lake Mead National Recreation Area dem National Park Service; es gibt drei Indianerreservationen – Navajo, Havasupai und Hualapai; weiterhin das U.S. Forest Service; das Bureau of Land Management sowie bundesstaatliche und örtliche Regierungsbehörden.

Die optimalen Richtlinien zur Verwaltung des Canyon wurde möglicherweise vor nahezu einhundert

Jahren von Präsident Theodore Roosevelt proklamiert: „Was wir tun können, ist den Grand Canyon für unsere Kinder, Kindeskinder und für alle, die nach uns kommen, zu bewahren." Die Herausforderungen, den Grand Canyon zu schützen, sind zweifellos gewaltig. Der Grand Canyon Trust, eine Naturschutzgruppe in Flagstaff, Arizona, hat es sich zur Aufgabe gemacht, die Öffentlichkeit über das fragile Gleichgewicht der sogenannten Greater Grand Canyon Area aufzuklären. Zu den Zielen der Trust-Organisation für diese Region zählen der Schutz der Wildnis, die Erhaltung und Wiederherstellung des Ökosystems im Wasser und zu Lande, die Schaffung und Förderung von umwelttragbarer menschlicher Nutzung und Entwicklung sowie der Aufbau einer starken Wählerschaft für die Erhaltung. In der Tat keine leichte Aufgabe.

Aussichts Studio, Grand Canyon Village, South Rim.

ARCHITEKTUR

Während die Wände des Grand Canyon die lange Erdgeschichte widerspiegeln, sind die Gebäude Ausdruck der neueren Pionierzeit. Das älteste stehende Gebäude im Grand Canyon Village am South Rim ist Buckey O'Neill's Cabin. William „Buckey" O'Neill war Schriftsteller, Bergarbeiter, Politiker, Sheriff und Richter. Wie die meisten Pioniere des Grand Canyon wurde auch O'Neill durch die Chance, kostbare Mineralien zu entdecken, angezogen. In den 1890er Jahren errichtete er diese Blockhütte, die später Teil der Bright Angel Lodge wurde.

Nach dem Verlegen von Eisenbahnschienen zum South Rim im Jahr 1901 machten es sich die Santa Fe Railroad und die Fred Harvey Company zur Aufgabe, Touristen zu beherbergen. 1904 wurde der Chicagoer Architekt Charles F. Whittlesey beauftragt, ein Hotel am Canyonrand zu errichten. Im imposanten El Tovar Hotel verband er die Merkmale eines „Schweizer Chalets mit einer norwegischen Villa". Das aus Oregon-Fichte gebaute Hotel wurde im folgenden Jahr abgeschlossen. Keines der achtzig Gastzimmer hatte ein Bad, doch das Hotel verfügte über Strom aus einem Dampfgenerator. Mit Kosten von $ 250.000 galt das El Tovar als „das vom Bau und von der Ausstattung her wahrscheinlich teuerste Blockhaus in Amerika."

1904 heuerte die Fred Harvey Company zudem Mary Jane Colter an, eine der ersten weiblichen Architekten in den Vereinigten Staaten. Sie wurde damit beauftragt, gegenüber vom Hotel ein Indianerhaus zu bauen. Colter suchte nach einer für die Geschichte der Gegend repräsentativen Bauweise und beschloß, das historische Hopi-Dorf Oraibi als Vorbild für das Gebäude zu nehmen. Das Hopi House wurde Unterkunft für Hopi-Kunsthandwerker und einen Laden, in dem die Harvey Company von Indianern hergestellte Kunstgegenstände, Handarbeiten und sonstige Souvenirs verkaufte. In den nahegelegenen Hogans, den traditionellen Block- und Lehmhäusern, lebten Navajos.

1935 gestaltete die Architektin die Bright Angel Lodge um. Die Steine, die den über drei Meter hohen offenen Kamin im History Room der Lodge säumen, stammen von verschiedenen Gesteinsschichten des Canyon und sind in geologischer Ordnung von oben nach unten angeordnet. Zur Eröffnung der Lodge dekorierte Colter die Eingangshalle mit fünfundzwanzig Hüten von berühmten Westmännern, einschließlich einem Sombrero von Pancho Villa.

Die Brüder Kolb, Ellsworth und Emery, ihres Zeichens Fotografen, erbauten 1904 ein kleines Gebäude, das bedenklich nahe am Abgrund des South Rim thront. In den folgenden zwei Jahrzehnten vergrößerten die Kolbs ihr Studio, bis ein mehrstöckiges Wohn- und Geschäftshaus den Anfang des Bright Angel Wanderwegs überblickte. Jeden Morgen hielt die absteigende Maultierkarawane vor dem Haus der Kolbs an, und die Reiter wurden fotografiert. Beim Aufstieg waren die Abzüge erhältlich.

Erster Zug mit Passagieren zum Grand Canyon, 17. September 1901.

GRAND CANYON NATIONAL PARK #2435

GRAND CANYON EISENBAHN

Der Ingenieur Robbert Brewster Stanton träumte vom Bau einer Eisenbahn entlang dem Colorado River durch den Grand Canyon. Seine Vermessungen auf Flußhöhe in den Jahren 1889 - 90 ergaben, daß es möglich war, für den Transport von Mineralien zum Markt Schienen zu verlegen, doch es gab niemand, der das Unternehmen finanziert hätte.

Sechs Jahre zuvor, 1883, hatten sich die Atlantic & Pacific und Atchison, Topeka & Santa Fe Railroad Companies zusammengetan, um am fünfunddreißigsten Breitengrad einen Schienenweg quer durch das nördliche Arizona zu legen, eine Route, die 1850 zunächst für eine Wagenstraße vermessen wurde. Schon drei Monate nachdem die A & P-Arbeitstrupps Peach Springs siebenunddreißig Kilometer südlich des Colorado erreicht hatten, waren Julius und Cecilia Farlee bereit, Bahnreisende über eine holprige, staubige Straße zu ihrem neuerbauten Hotel am Diamond Creek, dem ersten Hotel in oder am Grand Canyon, zu transportieren.

Der Unternehmer Buckey O'Neill überzeugte eine Bergbaugesellschaft, eine Seitenlinie von Williams zu seiner Kupfermine bei Anita, südlich des Canyon zu bauen. Als die Mine zumachte, ging die Eisenbahnlinie bankrott, doch die Santa Fe Railway kaufte sie und baute den Schienenweg bis zu South Rim aus. Der Kongress hatte Indian Gardens im Canyon als Endpunkt genehmigt, doch dieser Abschnitt wurde nie in Angriff genommen.

Am 17. September 1901 beobachteten alle zweiundzwanzig Grand Canyon Village-Bewohner, wie der erste, von Lokomotive 282 gezogene Zug am Rim zum Stoppen kam. Jetzt konnte man den Canyon in dem relativ komfortablen Zug in drei Strunden für nur $ 4 erreichen, anstatt in einer ein- bis zweitägigen Reise in einer holprigen Pferdekutsche für $ 15 bis $ 20.

Ironischer- und fatalerweise sponserte die Santa Fe Railway das erste Autoreiseabenteuer zum South Rim. Am 6. Januar 1902 erwartete man ein dampfgetriebenes Toledo Lokomobil aus Flagstaff, das die Reise in unter vier Stunden absolvieren sollte. Doch nachdem das Fahrzeug dreißig Meilen vor dem Ziel mit bereits zweitägiger Verspätung liegenblieb, mußte es den Rest des Weges von Maultieren zum Grandview Point gezogen werden.

Nach dem 2. Weltkrieg besuchten mehr und mehr Amerikaner den Canyon, die meisten im eigenen Auto. Die Zahl der Bahnfahrer nahm ab, und 1968 verließ der letzte Zug den Canyon mit weniger als 200 Passagieren an Bord. Zwei Jahrzehnte lang rosteten die verlassenen Schienen, verrotteten die Schwellen, und Bäume und Büsche wuchsen zwischen den Schienen. Schließlich entschloß sich Max Biegert, ein Geschäftsmann aus Phoenix, die Bahnlinie wieder zu öffnen. 1989, auf den Tag genau achtundachtzig Jahre nach dem ersten Zug zum South Rim, schleppte eine historische Dampflok wieder Passagierwägen zum Grand Canyon Depot und wurde dort von Tausenden begrüßt.

GEGENSEITE: Mooney Fall und Travertin-Formationen am Havasu Creek, Havasupai Indianerreservation. FOTO © GARY LADD

Der SOUTH RIM:

Sonnenuntergangs vom Lipan Point, South Rim, aus gesehen. FOTO © TOM TILL

Nahezu fünf Millionen Menschen kommen jährlich durch die zwei Eingangsstationen des South Rim und suchen nach einem Parkplatz. Laut Plan sollen in einigen Jahren Parkplätze außerhalb der Parkgrenzen sowie ein Light Rail Shuttle gebaut werden, der die Touristen zum Rim bringt. Doch es braucht noch eine Weile Geduld, um dem Andrang der Sommerbesucher Herr zu werden.

Hier ein Tip: Stellen Sie Ihren Wagen auf dem Parkplatz ab und nehmen Sie den kostenlosen West Rim Shuttle. Steigen Sie aus und gehen Sie zu Fuß zu den benannten Aussichtspunkten. Sie werden feststellen, daß sich viele Besucher nicht einmal eine kurze Strecke von ihrem Auto entfernen wollen. Suchen Sie sich einen bequemen Felsblock zum Draufsetzen oder Anlehnen, nicht zu dicht am Rand, und nehmen Sie die Szenerie in sich auf. Lauschen Sie dem Jenk, Jenk, Jenk eines weißbrüstigen Kleibers, dem Gronk eines glänzenden schwarzen Raben, das die Tonleiter hinabsteigende Lied eines Zaunkönigs und den geheimnisvoll im Wind rauschenden Bäumen. Atmen Sie tief den Vanilleduft der Ponderosa-Kiefer und den pikanten Geruch des Sagebrush-Gebüschs ein, und spüren Sie die heiße Wüstensonne auf Ihrem Rücken. Lassen Sie Ihre Gedanken kreisen, federleicht, wie die Wolken über dem Canyon, und genießen Sie das Spiel der Schatten über den Klippen und Felskanten in der Ferne.

Kehren Sie am späten Nachmittag zum Grand Canyon Village zurück, und steigen Sie auf dem Bright Angel Trail den kurzen Weg hinunter bis zu dem Tunnel im Kalksteinfelsen. Unmittelbar hinter dem Tunnel wenden Sie den Blick nach links oben. Unter einem großen Überhang entdecken Sie etwa ein Dutzend dunkelrote Piktogramme von gehörnten Tieren, menschenähnlichen und geometrischen Figuren. Lange bevor dies ein Wanderweg war, vor ein paar hundert, vielleicht tausend Jahren, kroch ein Havasupai oder Pueblo-Urbewohner dort hinauf und malte diese Bilder. Die präzise Federführung deutet darauf hin, daß es sich dabei um mehr als nur beiläufige Kritzeleien handelt.

Die steilabfallenden Felswände dieses Seitencanyons wurden durch Erdbewegungen aufgebrochen, und nur auf diese Weise war es den Menschen möglich, bis zu den lebensspendenden Quellen hinabzusteigen, die auf der Tonto-Plattform unten aus der Erde sprudeln. Die Indianer bauten dort weiterhin Bohnen und Kürbisse an, auch nachdem Prospektoren die alte Route zum Maultierpfad gemacht hatten. Ralph Cameron, sein Bruder Niles und Pete Berry kamen 1890 zum Canyon und steckten ihre Claims entlang dem Indianerpfad ab, was ihnen das Eigentumsrecht verschaffte. Sie verlangten von den Touristen und anderen die unverschämte Summe von einem Dollar zuzüglich einem weiteren Dollar für jedes Huftier.

Präsident Theodore Roosevelt stattete dem Canyon 1903 erstmalig einen Besuch ab. Während er am Rand stand, gab er die Anweisung: „Laßt ihn, wie er ist. Ihr könnt nichts Besseres draus machen. Jahrmillionen haben daran gearbeitet, und der Mensch kann ihn nur verschandeln." Dann bestieg er sein Roß und trottete damit den Pfad hinunter. Laut einer Geschichte zweifelhafter Herkunft soll T. R. an den Indian Gardens zu den wenigen Havasupai Farmern dort gesagt haben: „Ich bin der Präsident, und ich erkläre das hier zum Nationalpark für die Bewohner der Vereinigten Staaten. Ihr da müßt das Feld räumen. „Wenn diese Geschichte auch nicht stimmen mag, so zeigt sie doch die Arroganz auf, die die US-Regierung zur damaligen Zeit gegenüber den Ureinwohnern an den Tag legte.

Roosevelt erklärte den Canyon 1908 zum Nationalmonument, und die Havasupai verließen schließlich die Indian Gardens-Gegend. Doch Ralph Cameron und Genossen brachten es fertig, den Bright Angel Trail weiterhin zu kontrollieren.

Die Santa Fe Railroad und die Camerons blieben unversöhnliche Rivalen. Die Railroad baute 1912 den West Rim Drive und den Hermit Trail in den Canyon, damit ihre Passagiere Cameron kein Wegegeld bezahlen mußten. Bis zum Jahr 1925 hatte der National Park Service den South Kaibab Trail vollendet, um Bright Angel ebenfalls zu umgehen, jedoch schon drei Jahre danach verlor Cameron sein Besitzerrecht, und die Route wurde der Öffentlichkeit freigegeben.

Zwischenzeitlich machte Pete Berry an Horseshoe Mesa unterhalb des Grandview Point sein Schürfrecht geltend. Bis 1892 hatten Berry und andere den Grandview Trail ausgebaut, um Kupfer und andere Mineralien zum Canyonrand transportieren zu können. Obwohl ein Teil des Kupfererzes als 70 Prozent rein eingeschätzt worden war, erwies sich der Transport aus dem Canyon zu einer Schmelzerei als zu kostspielig. Einige Jahre später baute Berry ein Hotel am Canyonrand und führte Touristen über den Pfad hinunter, doch nachdem die Eisenbahn bis zu dem Punkt fuhr, der später als Grand Canyon Village bekannt wurde, schlug dieses Unternehmen ebenfalls fehl.

Weiter östlich, in der Nähe von Desert View, gibt es eine weitere Indianerroute. Seth Tanner, ein mormonischer Pionier aus Tuba City, der sich hin und wieder auch als Prospektor betätigte, entschloß sich 1880, die Route auszubauen. Es ging das Gerücht um, der berüchtigte Mormone John D. Lee habe Töpfe voller Gold im Canyon vergraben. Vielleicht hoffte Tanner, diesen geheimen Schatz zu bergen, doch nach einem halben Dutzend Jahre Suche stieß er lediglich auf Kupfer- und Silberablagerungen im Palisades Creek. Der Pfad wurde als Tanner Trail bekannt.

Der Prospektor Franklin French verlegte den oberen Teil des Trails zur Verbesserung des Zugangs an seine heutige Lage in der Nähe von Lipan Point. French erläuterte: „Wir sagten dazu zwar 'Trail', aber es handelte sich dabei

Felskanten am North Rim im Morgenlicht, Yavapai Point, South Rim.

eher um eine grobe Markierung, die einen Trail lediglich erahnen ließ." Bei dem Versuch, Nachschub zum Fluß hinunter zu transportieren, erinnerte er sich: „Betrunkene lassen sich oft auf Dinge ein, die sie sich nüchtern nicht zutrauen. Ich dachte, ich würde es bei den Maultieren versuchen … ich setzte ihrem Trinkwasser eine gehörige Portion Whiskey zu … Die Maultiere waren so waghalsig wie Jack Tars im Übermut. Wir sind zwar gut dort angekommen, aber eine traurigere, mitleidheischendere Maultierherde, so, wie sie am nächsten Tag da stand, hatte die Menschheit noch nicht gesehen."

Wenn Sie also Schwierigkeiten haben, einen Parkplatz zu finden, machen Sie Teddy Roosevelt dafür verantwortlich. Vor nahezu einhundert Jahren erbat er sich: „Bewahrt ihn (den Grand Canyon)… als eine der großartigsten Sehenswürdigkeiten, den jeder Amerikaner… sehen sollte."

Abziehendes Unwetter im Winter, Grand Canyon Village, South Rim.

GRAND CANYON DORF

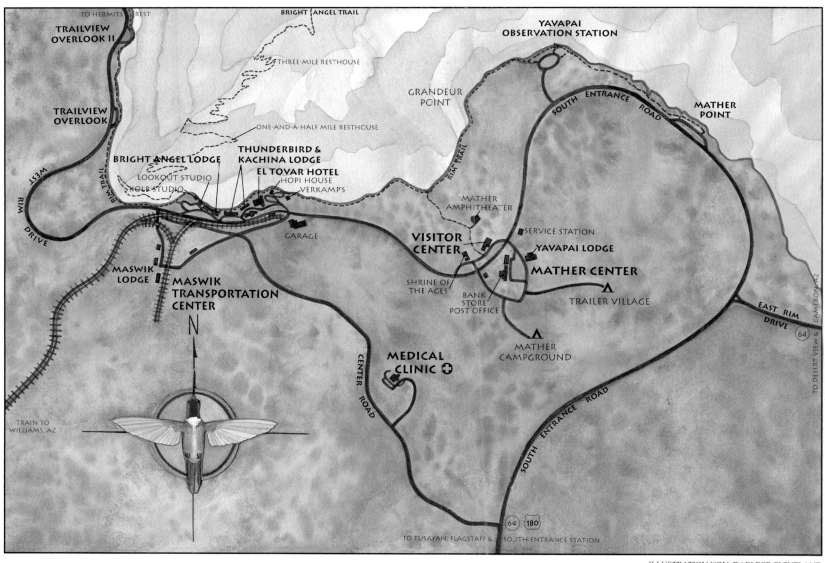

Das Grand Canyon Village stellt das Hauptzentrum für Übernachtung, Verpflegung und Canyon-Informationen dar. Neben dem historischen El Tovar Hotel und die Bright Angel Lodge gibt es die neueren Kachina und Thunderbird Lodges. Die preislich niedrigeren Maswik und Yavapai Lodges sowie der Mather Campground befinden sich ein wenig weiter weg im Nadelwald. Speisegaststätten rangieren vom einfachen, preisgünstigen Bright Angel Fountain bis hin zum eleganten El Tovar Dining Room (bitte keine Shorts). In einem Laden stehen Nahrungsmittel und Campingausrüstung zum Verkauf.

Allgemeine Informationen sowie Bücher und Schaukästen über den Park sind im Visitor Center zu finden, und eine kostenlose Kopie des Führers The Guide darf nicht vergessen werden. (Im Visitor Center ist auch eine kostenlose Broschüre für Behinderte erhältlich). In der nahegelegenen Yavapai Observation Station und im Kolb Studio werden weitere Informationen und Bücher angeboten.

In der Nähe der Maswik Lodge befindet sich das Backcountry Office, in dem Erlaubnisscheine (Permits) für Übernachtwanderungen in der Canyon erhältlich sind (weitere Informationen hierzu, siehe „Wandern im auf den Kopf gestellten Gebirge").

Vom Village-Bereich säumt eine fünfzehn Kilometer lange Straße mit zahlreichen Aussichtspunkten den Canyonrand nach Westen (der West Rim Drive). Über eine weitere, nach Osten führende Straße (der East Rim Drive State Highway 67) gelangt man nach Cameron und zum U.S. Highway 89.

Einer der beiden unterhaltener Wanderwege, die vom Canyonrand zum Fluß führen, der Bright Angel Trail, beginnt neben dem Kolb Studio. Der andere Trail, der South Kaibab, geht am East Rim Drive in der Nähe des Yaki Point ab. Beide Trails führen zum Bright Angel Campingplatz und zur Phantom Ranch, der einzigen erschlossenen Besuchereinrichtung im tiefen Innern des Canyon. Am Fluß verbindet ein Weg den South Kaibab mit dem Bright Angel Trail.

Während des Hochbetriebs der Sommermonate transportieren kostenlose Shuttle-Busse die Besucher im Village-Bereich und nach außerhalb zum West Rim Drive. Die Canyon View Information Plaza soll in naher Zukunft fertiggestellt werden. Es ist vorgesehen, daß Tagesbesucher mit der Light Rail von der Randgemeinde Tusayan elf Kilometer nach Norden zur Plaza fahren können. Am Mather Point ist ein Orientierungszentrum den Besuchern dabei behilflich, die Canyongegend per Bus, zu Fuß oder mit dem Fahrrad zu erkunden.

Zudem ist der Umbau von neun historischen Gebäuden im Village-Bereich zu einem informationsreichen Freiluftmuseum vorgesehen. Ein neues Trail-System für Fußgänger- und Fahrradverkehr am South Rim von Hermits Rest nach Desert View ist ebenfalls geplant.

WEST RIM DRIVE

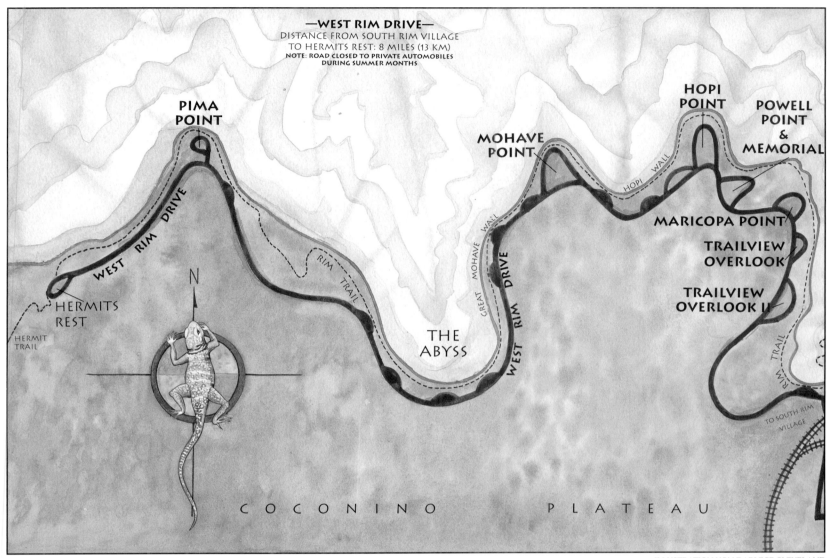

—WEST RIM DRIVE—
DISTANCE FROM SOUTH RIM VILLAGE
TO HERMITS REST: 8 MILES (13 KM)
NOTE: ROAD CLOSED TO PRIVATE AUTOMOBILES
DURING SUMMER MONTHS

PIMA POINT

HOPI POINT

POWELL POINT & MEMORIAL

MOHAVE POINT

MARICOPA POINT

TRAILVIEW OVERLOOK

TRAILVIEW OVERLOOK II

HERMITS REST

HERMIT TRAIL

WEST RIM DRIVE

RIM TRAIL

THE ABYSS

GREAT MOHAVE WALL

HOPI WALL

WEST RIM DRIVE

RIM TRAIL

TO SOUTH RIM VILLAGE

C O C O N I N O   P L A T E A U

ILLUSTRATION VON DARLECE CLEVELAND

Der West Rim Drive windet sich ca. fünfzehn Kilometer von Grand Canyon Village nach Hermits Rest. Im Sommer ist die Straße für Privatfahrzeuge geschlossen, doch kostenlose Shuttle-Busse halten regelmäßig an verschiedenen Punkten.

Blicken Sie von den Aussichspunkten Trailview und Trailview II zurück in Richtung Süden zum Village. Der Bright Angel Trail führt neben dem alten Kolb Studio nach unten. Darunter ist der Indian Gardens Campground an den großen Fremont Cottonwood-Bäumen zu erkennen, die den Garden Creek säumen.

Von Maricopa Point aus fällt einem der lange, gerade Canyonabschnitt ins Auge, der in der Nähe von Bright Angel Creek tief in den North Rim eingegraben ist. Der Creek folgte hier der Bright Angel Fault, einer großen Erdfalte, die nahezu rechtwinklig zum Colorado River verläuft.

Der in Holz gefaßte Eingang zur Orphan Mine ist vom Powell Point aus sichtbar. Daniel Hogan entdeckte hier 1893 Kupfer, doch von 1954 bis 1966 wurde ein wertvolleres Uranlager abgebaut. Die kleinen Kupfer-, Silber- und Uranlager des Canyon sind durch ein geologisches Phänomen mit dem Namen „Breccia Pipe" entstanden. Diese Formation entstand, als die Decke einer Höhle im Redwall-Kalkstein herabstürzte und die Gesteinsbrocken (Breccie) der darüber liegenden Formationen in die Höhle fielen. Das Grundwasser trug aufgelöste Mineralien herab, die sich dann im Breccie-Gestein ablagerten.

Direkt gegenüber des Hopi Point befindet sich Shiva Temple, eine abgeschiedene Felstafel, die einst mit dem North Rim verbunden war. 1937 entsandte das American Museum of Natural History eine Expedition auf der Suche nach Sonderspezies kleiner Säugetiere, die unter Umständen auf Shiva Temple von der Umwelt abgeschnitten worden waren. Laut Presseberichten suchten die Biologen nach Dinosauriern. Obgleich Hirschgeweihe und Pueblo-Artefakte gefunden wurden, stieß man auf keine ungewöhnlichen Säugetiere oder großen Reptilien.

Von Mohave Point aus hat man einen Blick auf drei Stromschnellen am Colorado River (Hermit, Granite und Salt Creek). The Abyss, ein Abgrund am Ursprung des Monument Creek, fällt fast 1000 Meter steil bis zur Tonto Platform ab. Überreste von Douglastannen und Weißtannen an den nach Norden zeigenden Felsklippen sind ein biologisches Fenster zur letzten Eiszeit.

Wenn man von Pima Point den Blick nach unten lenkt, kann man Teile des 1911 erbauten Hermit Trail erblicken, der sich zu den vierkantigen Umrissen der Hüttenfundamente und dem Korral einer von der Santa Fe Railroad erbauten Gast-Ranch hinabwindet. Das Camp wurde 1930 aufgegeben, nachdem der Bright Angel Trail eine öffentlich zugängliche Route wurde.

Der West Rim Drive endet an Hermits Rest, einem rustikalen Steingebäude, das 1914 ebenfalls von Mary Colter entworfen wurde. Hier beginnt auch der nicht gepflegte Hermit Trail.

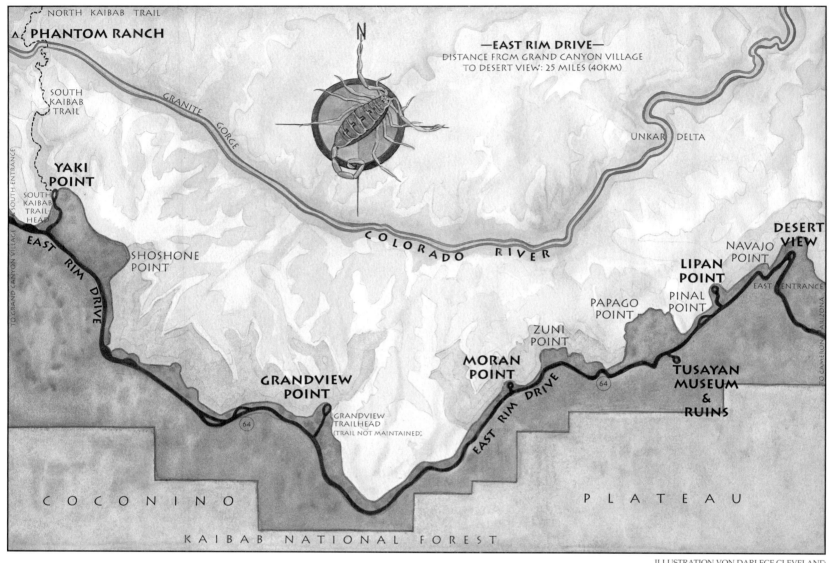

NORTH KAIBAB TRAIL
△ **PHANTOM RANCH**

SOUTH KAIBAB TRAIL

GRANITE GORGE

YAKI POINT

SOUTH KAIBAB TRAIL HEAD

SOUTH ENTRANCE

TO GRAND CANYON VILLAGE

EAST RIM DRIVE

SHOSHONE POINT

N

—EAST RIM DRIVE—
DISTANCE FROM GRAND CANYON VILLAGE
TO DESERT VIEW: 25 MILES (40KM)

COLORADO RIVER

UNKAR DELTA

DESERT VIEW

NAVAJO POINT

LIPAN POINT

EAST ENTRANCE

PAPAGO POINT

PINAL POINT

TO CAMERON, ARIZONA

ZUNI POINT

MORAN POINT

GRANDVIEW POINT

GRANDVIEW TRAILHEAD (TRAIL NOT MAINTAINED)

64

EAST RIM DRIVE

64

TUSAYAN MUSEUM & RUINS

C O C O N I N O

P L A T E A U

K A I B A B   N A T I O N A L   F O R E S T

ILLUSTRATION VON DARLECE CLEVELAND

Der East Rim Drive schlängelt sich zirka sechsundvierzig Kilometer vom Village-Bereich nach Desert View.

Am Yavapai Point trifft man auf einen Observierungsraum und einen Bücherladen. Von hier aus kann man auch die Phantom Ranch am Bright Angel Creek sehen, die einzige Touristen-Lodge im Canyoninnern. Die Kaibab-Hängebrücke, die den Colorado überspannt, ist ebenfalls sichtbar. Die Brücke ist 134 Meter lang und schwebt etwa 18 Meter über dem Fluß. Die zehn jeweils eine Tonne schweren Kabel der Brücke wurden 1928 von zweiundvierzig Havasupi-Männern zu Fuß in den Canyon getragen.

Bei der Einfahrt durch den Südeingang in den Park halten die meisten Besucher am Mather Point an. Dieser Aussichtspunkt wurde nach Stephen Mather benannt, dem ersten Direktor des National Park Service.

Abschnitte des ganz in der Nähe beginnenden South Kaibab Trail sind vom Yaki Point aus sichtbar. (Im Sommer ist der Zugang zu diesem Punkt unter Umständen auf Shuttle Busse beschränkt.) Gegenüber vom Canyon und ein Stück nach Nordosten hat der Clear Creek eine lange Spalte in den North Rim eingegraben. Im Frühjahr erscheint im Redwall Limestone Felsen oberhalb des Clear Creek ein weißer Fleck, Cheyava Falls, ein saisonbedingter Wasserfall, der aus einer Höhle herausquillt und fast 300 Meter in die Tiefe stürzt.

Der alte Minen- und Touristen-Trail zu Horseshoe Mesa beginnt am Grandview Point.

Obgleich der Moran Point nach dem Bruder von Thomas Moran benannt wurde, gereicht der Name ohne weiteres auch dem im 19. Jahrhundert lebenden Landschaftsmaler zu Ehren. Seine Bilder trugen dazu bei, den Kongreß zu überzeugen, den Grand Canyon 1919 zum Grand Canyon National Park zu erklären.

In Tusayan Ruin finden Sie Überreste eines Pueblos der Anasazi, der im zwölften Jahrhundert bewohnt war. Ein kurzer Rundgang mit Führung über die ausgegrabene Ruine und ein kleines Museum geben über den Ort näheren Aufschluß.

Lipan Point bietet einen außergewöhnlichen Blick auf den Colorado River. Im Norden fließt der Fluß durch ein offenes Tal und biegt scharf zum Delta des Unkar Creek ab, wo einst ein Pueblo-Dorf der Anasazi stand. Dann tost er mit einem Höhenunterschied von siebeneinhalb Metern durch die Unkar Rapids talwärts. Weiter nach Westen donnert der Colorado über die Hance Rapids und stürzt in die dunkle Inner Gorge Schlucht. Im Süden dominieren die San Francisco Peaks den Horizont Berge, die den Hopi und Navajo heilig waren.

Desert View ist der östlichste Aussichtspunkt am South Rim. Dort sind auch ein Informationszentrum und ein Bücherladen, ein Lebensmittelgeschäft, Andenkenladen, Camping-Platz, eine Snack Bar, Service Station und der unübersehbare Watchtower zu finden. Der zweiundzwanzig Meter hohe Steinturm wurde von Mary Colter entworfen und 1932 mit Hilfe von Hopis erbaut. Die Bauweise des Turms ist den Pueblos der Anasazi nachempfunden; im Innern sind Gegenstände und Gemälde zu finden, die sich mit den Hopi-Legenden befassen.

SEITE 24/25: Wotans Throne, Vishnu Temple und ein Regenbogen am Spätnachmittag vom Yaki Point, South Rim, aus gesehen. FOTO © TOM BEAN

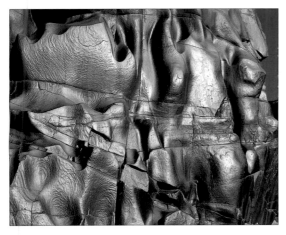

Die Felsen des Grand Canyon ziehen schon seit Tausenden von Jahren die Menschen an. Die Indianer holten sich hier roten und gelben Ocker als Farbe und Medizin und fanden heiliges Salz in Höhlen. Die Spanier kamen auf der Suche nach Gold, doch zogen mit leeren Händen wieder ab. Der Reiz wertvoller Mineralien lockte amerika-nische Prospektoren an, doch die nur begrenzt vorhandenen Kupfer- und Asbestlager ließen sich nur unter großen Schwierigkeiten abbauen, und der Transport zum Markt war zu kostspielig.

1869 sorgte die erfolgreiche Fahrt des Geologen John Wesley Powell auf dem Colorado River und die darauffolgenden Berichte und populären Artikel dafür, daß die Öffentlichkeit von den geologischen Wundern der Region erfuhr. Die Canyonwände hatten wesentlich mehr zu bieten als Mineralienreichtum.

Jede der in den Wänden des Canyon freigelegten, farbenprächtigen Felsschichten ist ein Fenster in eine andere Zeit mit anderen Umweltbedingungen. Die ältesten Schichten (Proterozoikum) ganz unten datieren 1,7 Milliarden Jahre zurück, eine unvorstellbar lange Zeit. Sediment und Eruptivgestein waren intensiver Hitze und Erdverschiebungen ausgesetzt und wurden zu einem hohen Faltengebirge aus Schiefer, Gneis und Granit (Vishnu Group) aufgetürmt. Nach einer halben Milliarde Jahren waren diese Berge zu einer nahezu flachen Ebene abgetragen. Ein Meer überflutete das Gebiet, und in den darauffolgenden 300 Millionen Jahren lagerten sich Schlamm, Sand und kalkhaltiger Schlick 3660 m dick ab, die Grand Canyon Supergroup. Vor zirka 900 Millionen Jahren wurden diese Sedimentablagerungen angehoben, zu Gesteinsblöcken zusammengeschoben, die sich schließlich neigten und Berge und Täler bildeten. Nach weiteren 330 Millionen Jahren wurde daraus durch Erosion ein Tiefland mit kleinen Hügeln und ausgedehnten Tälern. Die nach unten gefalteten Blöcke waren vor der Erosion geschützt und sind auch heute noch als schrägliegende Schichten am Fluß entlang im östlichen Grand Canyon und am Fuß des South Kaibab Trail zu sehen.

Über diesen sehr alten Felsen befinden sich eine Reihe von horizontalen Schichten. Die Kontaktfläche zwischen den ersten flachliegenden Schichten (normalerweise Tapeats-Sandstein) und den älteren Schiefer-, Granit- und schrägliegenden Schichten darunter, wurde von Powell „Great Unconformity" (große Ungleichförmigkeit) genannt, wodurch ein Zeitraum von bis zu 830 Millionen Jahren abgedeckt wurde.

In dieser Zeitspanne machte das Leben auf der Erde den gigantischen Entwicklungssprung von einzelligen zu komplexeren Lebewesen durch. Als vor etwa 550 Millionen Jahren ein weiterer Ozean die Region bedeckte, gab es eine Myriade von neuen Lebensformen. Die drei in diesem Ozean abgelagerten Schichten sind im Tapeats-Sandstein, Bright Angel-Schiefer und Muav-Kalkstein erhalten und stellen einen erstaunlichen, als Fossilien erhaltenen Nachweis für Trilobiten, Meereswürmer, Quallen und unzählige andere Meerestiere dar.

Das Meer zog sich langsam zurück, die Oberfläche des Muav war der Erosion ausgesetzt und wurde von Strömen und Flüssen durchzogen. Die Ablagerungen in den Flußbetten wurde zum Temple Butte-Kalkstein.

Auf eine lange Erosionsperiode folgte die Überflutung durch ein weiteres, flaches, warmes Meer, in dem sich noch mehr Meereskalkstein ablagerte und die massive Redwall-Kalksteinschicht bildete. Die Reinheit des Kalksteins läßt darauf schließen, daß Kalkspat (Kreide) vom Ufer aus ins Meer gewaschen worden war. Der Kalkspat wurde mit Milliarden von Schalen von Meerestieren aus dem Meeresboden gewaschen.

Bei den nächsten 300 Metern rötlichem Gestein handelt es sich um Schiefer, Siltstein, Sandstein und teilweise Kalkstein. Das obere, abfallende Drittel wird durch den relativ weichen Hermit-Schiefer gebildet. Abdrücke von Farnblättern, Regentropfen und Insektenflügeln sind häufig im Hermit-Schiefer auftretende Fossilien. Die Gesimse, Felswände und kleineren Abhänge zwischen der Hermit- und der Redwall-Schicht ist die Supai Group. Aus diesen roten Formationen austretendes Eisenoxid wird über die ursprünglich graue Redwall-Schicht hinuntergewaschen und gibt ihr die auffällige Rotfärbung.

Das Land wurde angehoben, und die Nordwinde bedeckten das Gebiet mit tiefgoldenen Sanddünen. Die Dünen sind als massiver Coconino-Sandstein erhalten und weisen elegante Muster auf, das sogenannte „Cross Bedding" (kreuzweise geschichtete Lagen), das auf seinen Ursprung durch Windeinfluß hindeutet. Die in dieser Formation zu findenden versteinerten Reptilienspuren führen stets über die schichtweise angeordneten Ebenen hinauf, niemals hinunter. Dieses Rätsel wurde durch Beobachtung moderner Eidechsen auf Sand gelöst. Beim Ansteigen hinterlassen die Tiere deutliche Spuren, beim Hinablaufen entstehen durch die Bewegungskraft der Eidechse lediglich verwischte Spuren.

Schließlich wurde die Coconino-Wüste wieder von einem Meer überspült, und es wurde noch mehr Kalkstein, Sandstein und Gips als Toroweal-Formation abgelagert.

Hierauf folgte eine kurze Erosionsperiode und die Überflutung durch einen weiteren Ozean. Dieses Meer wimmelte von Mollusken, Seelilien, Schwämmen, Trilobiten und Brachiopoden und hinterließ den stein. Während der Bildung dieser Gesteinsablagerungen brachte die Evolution Gefäßpflanzen und die ersten Fische, Amphibien und Reptilien hervor. Dann trat eine biologische Katastrophe auf. Aus bislang unbekannten Gründen erfolgte am Ende des Paläozoikums die Vernichtung der hauptsächlich im Meer lebenden Kreaturen. Bedenkt man die Anzahl der verschwundenen Spezies, überschattet dies die spätere Ausrottung der Dinosaurier.

Im nächsten größeren geologischen Zeitalter, dem Mesozoikum, wurden eine Reihe von Sandwüsten gebildet, die furchteinflößenden Echsen - die Dinosaurier - erschienen auf der Bildfläche. Das Gebiet des Grand Canyon war wahrscheinlich mit 600 Metern Sandstein und Schiefer bedeckt. Das meiste davon verschwand in den folgenden fünfundsechzig bis siebzig Millionen Jahren (Känozoikum) durch Erosion. Mesozoische Felsen existieren auch heute noch nördlich und östlich des Canyon als Vermilion Cliffs, Kaibito und Paria Plateau und als kleine, isolierte Überbleibsel wie Shinumo Alta, Gold Hill, Cedar Mountain und Red Butte.

Die Entstehungsgeschichte des Grand Canyon ist auf Witterungseinflüsse, Erosion und Erdverschiebungen zurückzuführen, doch die Einzelheiten sind immer noch geheimnisumwittert. Powell war der Ansicht, der Urzeit-Colorado sei durch eine relativ flache Ebene geflossen. Ein Teil der Ebene sei dann zu einem längsgestreckten Hochland angehoben worden - dem Kaibab-Plateau. Der Fluß habe sich erbarmungslos in das umgebende Gelände eingegraben, um das allmähliche Ansteigen der Ebene auszugleichen. Der ursprüngliche Lauf des Flusses sei dabei erhaltengeblieben, wobei sich der Canyon immer tiefer eingrub. Powell und andere frühere Geologen kamen zu dem Schluß, daß der Canyon ungewöhnlich alt sein mußte, vielleicht fünfzig Millionen Jahre oder älter. Eine einfache, elegante Theorie, die jedoch völlig falsch war.

Geologen haben inzwischen bestimmt, daß das Kaibab-Plateau angehoben wurde, lange bevor der Fluß den Canyon hineinmeißelte. Heißt das, der Fluß floß in der Vergangenheit bergauf, um zum Kaibab-Plateau zu gelangen? Nein, natürlich nicht. Dennoch ergibt sich ein verblüffendes Problem.

Vielleicht war mehr als ein Fluß beteiligt.

OBEN: Ein vom Wasser geformter Felsen der Vishnu Group auf Flußhöhe. FOTO © GARY LADD

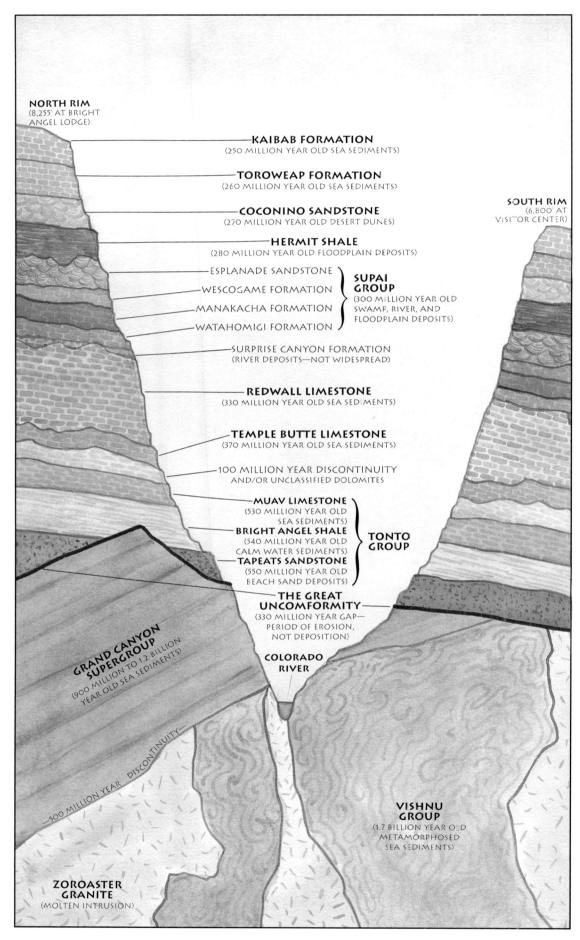

Der Canyon scheint relativ jung zu sein, vielleicht zwischen 1,7 bis 6 Millionen Jahre alt. Das ist eine erstaunliche Menge Erosion in einer solch kurzen geologischen Zeit. Man weiß heute nur genau, daß ein Flußsystem für den Einschnitt verantwortlich ist. Andere Erosionsarten, wie Frosteinwirkung, verbreitern den Canyon. Das Stufenprofil des Canyon ist auf die unterschiedlichen Härten der einzelnen Felschichten zurückzuführen: die weicheren bilden die Abhänge, die härteren Schichten werden oft zu Felsklippen umgebildet.

Das asymmetrische Profil des Canyon sticht ebenfalls ins Auge. Der South Rim liegt zirka vier Kilometer vom Fluß entfernt, wobei der North Rim fünf bis elf Kilometer entfernt ist. Beide Ränder neigen sich leicht nach Süden hin. Der Regen, der am South Rim niedergeht, fließt in der Regel vom Canyon weg. Niederschläge am North Rim laufen meist in den Canyon, daher sind die Seitencanyons im Norden länger und tiefer eingeschnitten.

Nachdem der Canyon fast die heute zu sehenden Dimensionen erreichte, quoll geschmolzenes Gestein aus den Erdspalten und über den westlichen Grand Canyon. Mindestens zwölfmal floß Magma in den Canyon, sprudelte und zischte beim Auftreffen auf den Colorado River und verfestigte sich beim Abkühlen zu Dämmen. Der größte davon bildete vor zirka einer Million Jahren einen See mit etwa 670 Meter Tiefe. Die Dämme wurden von den darüber hinausfließenden Seen mit der Zeit wieder abgetragen.

Der Grand Canyon stellt ein Fenster der Zeit dar. Die Landschaft ist voller Gegensätze, Widersprüche und ungelösten Fragen. Der Naturschützer John Muir schrieb vor vielen Jahren: „Der gesamte Cañon ist eine wahre Fossilienfundgrube... eine einzige geologische Bibliothek." Geologen versuchen auch heute noch, die ganze Geschichte zu ergründen.

Der NORTH RIM:

Mount Hayden im Nebel am Spätnachmittag, Point Imperial.   FOTO © JACK DYKINGA

Die Region von der Canyon-Nordwand zur Grenze von Utah ist als Arizona Strip bekannt. Diese Region ist zwar politisch mit dem restlichen Arizona verbunden, jedoch geographisch davon getrennt. Innerhalb des Strip erhebt sich das Kaibab-Plateau abrupt fast 3000 Meter hoch und bildet eine von Wüste umgebene, biologische Insel. Im Gegensatz zum South Rim, wo sich in früheren Zeiten Unternehmer, Prospektoren, Glücksritter und Träumer aufhielten, dauerte es mit der Erforschung des North Rim länger. Das Hochland liegt die Hälfte des Jahres unter tiefem Schnee begraben, und durch die tiefer liegenden Wüsten führen nur einige schmale, meist ungeteerte Straßen.

Ein Weg zum North Rim führt über die U.S. Highway 89A von Flagstaff nach Norden. Einige Abschnitte der Highway folgen der alten Mormon Honeymoon Trail Wagenstraße, die sich an einem noch älteren Indianerpfad orientierte. Erst an der Highway 89A Brücke über den Colorado in der Nähe des Grand Canyon bei Lees Ferry, einem Ort, wo sich die Wege von berühmten und berüchtigten Persönlichkeiten kreuzten, ist das erste Anzeichen vom Grand Canyon zu sehen. Im Winter 1776 versuchten zwei spanische Padres, hier durch den Fluß zu schwimmen. Ein Jahrhundert später versteckte sich dort John D. Lee, dem das „Mountain Meadow Massaker" im südwestlichen Utah angelastet wurde. Später nutzten Teddy Roosevelt und der Schriftsteller Zane Grey den von Lee ins Leben gerufenen Fährendienst. Als die Fähre 1928 kenterte, kamen dabei drei Männer ums Leben. Ein Modell T Ford und die Fähre selbst gingen dabei ebenfalls verloren. Da die Navajo Bridge fast fertiggestellt war, wurde der Fährdienst nicht wieder aufgenommen. Die alte Brücke wurde durch eine neue ersetzt, die heute einen Fußgängerüberweg darstellt. Zudem gibt es ein Besucherzentrum.

Der Highway umrundet den Fuß des Vermilion Cliff gegenüber der Marble Platform, und steigt dann über die wellenförmige Krustenfalte, die sogenannte Kaibab Monocline, steil nach oben. Es besteht Hoffnung, hier einen Blick auf die kürzlich eingeführten kalifornischen Kondore zu erhaschen. Wenden Sie sich auf dem Kaibab-Plateau am Jacob Lake dreiundachzig Kilometer durch einen schönen, von Wiesen durchbrochenen Wald mit Ponderosa-Kiefern, Fichten, Tannen und Espen.

Wenn ich an den North Rim denke, fällt mir in erster Linie der Wald ein. Der Canyon, so unglaublich er auch sein mag, bildet hier lediglich den Hintergrund für die eindrucksvollen Bäume. Vielleicht ist es die ungeheure Größe des Canyon, der meinen Blick überbeansprucht; mein Bewunderungsvermögen läßt mich hier im Stich. Schließlich erklärte der Geologe Clarence Dutton, der Canyon sei „eine großartige Erfindung unserer modernen Landschaftsvorstellung". Das kühle Grün des Waldes bietet

Zuflucht vor gleißendem Licht, ist freundlich und anheimelnd. Hinter den Bäumen klafft der Canyon wie eine Wunde der Mutter Natur und drängt sich einem mit seinen grellen, sonnendurchglühten Felsen, Tempeln und farbenprächtigen Abgründen auf - doch meine Seele lauscht dem Wald.

Das unheimliche, schwebende Tirillieren einer verborgenen Drossel dringt einem ans Ohr, ein Rotluchs schleicht auf leisen Pfoten zum Harvey Pond, um sich dort am Wasser zu laben, Maultierhirsche grasen am Rand des DeMotte Park (wobei „Park" hier ein altes Cowboy-Wort für Wiesengrund darstellt), wilde Truthähne kollern über die Straße hinweg, und ich sehe das weiße Schwanzende eines erschreckt davonstiebenden Eichhörnchens aufleuchten.

Erst am Abend lege ich den kurzen Weg von der North Rim Lodge zum Bright Angel Point zurück. Das Licht ist jetzt sanfter, und die Farben des Canyon sind satter. Das Rauschen des Wassers weit unterhalb bei Roaring Springs dringt mir ans Ohr. Diese große Quelle versorgt den North und den South Rim mit Trinkwasser. Die verborgenen Wege im Innern des Canyon liegen bereits im Schatten. Brahma und Zoroaster Temple glühen im Schein der untergehenden Sonne. Weit im Süden erheben sich die San Francisco Peaks, darunter die geschlossene Front von etwas niedrigeren Vulkanen.

1907 reiste ein junger Zahnarzt aus Ohio zum North Rim, um mehr über Buffalo Jones' Kreuzungsversuche von Bisonbullen mit schwarzen Galloway-Kühen in Erfahrung zu bringen, durch die eine Züchtung mit den besseren Qualitäten der Elterntiere erwartet wurde. Buffalo Jones hatte dem Zahnarzt zudem eine „Löwenjagd mit dem Lasso" versprochen.

Draußen auf dem Powell Plateau jagten Jones' Jagdhunde einen Berglöwen (Puma) auf einen Baum, und so unglaublich es auch schien, Jones erkletterte den Baum und fing die fauchende Katze mit einem Lasso. Der ungläubig staunende Zahnarzt aus Ohio fotografierte das Geschehen und schrieb ausführlich darüber in sein Tagebuch. Später kehrte er dem Zahnarztberuf den Rücken und schrieb einen von seinem Sommerabenteuer inspirierten Roman, The Last Plainsmen. Der Name des Autors war Zane Grey.

An der Ostseite des Kaibab-Plateaus erhebt sich Point Imperial über dem Nankoweap Canyon, wo 1993 eine für die Folsomkultur charakteristische Steinpfeilspitze gefunden wurde. Aus diesem Fund ließ sich schließen, daß sich vor mindestens 10.000 Jahren Paläolithische Jäger im Grand Canyon aufgehalten hatten. 1882 wurde ein alter, in den Nankoweap Canyon führender Indianerpfad für Reiter ausgebaut. Der berühmte Paleontologe Charles Dollitle Walcott verbrachte zweiundsiebzig Tage im Innern des Canyon und studierte die uralten, schrägliegenden Felsschichten.

Ein paar Jahre später hatten Pferdediebe an der Südseite des Flusses den

Von links nach rechts: Krishna Shrine, Vishnu Temple und Freya Castle von Cape Royal, North Rim aus gesehen.

Nakoweap Trail mit einem Prospektor-Weg - dem Tanner Trail - verbunden und eine durch den Canyon führende Route geschaffen. In Utah gestohlene Pferde wurden in Arizona verkauft und umgekehrt. Der Trail war nicht nur beschwerlich, das Durchschwimmen des Colorado konnte für Mensch und Pferd zum Verhängnis werden.

Ob diese Outlaws wohl die Muschelfragmente im stein entdeckt hatten? Machten Sie sich über die im Coconino-Sandstein versteinerten Reptilienspuren Gedanken? Wunderten sie sich über die Abdrücke von Farnblättern und Libellenflügeln im Hermit-Schiefer? Und ließen Sie sich im Staub, der von den Pferden am Nankoweap Butte aufgewirbelt wurde, von den goldglänzenden Markasitkugeln (mit Eisenpyrit verwandt) narren, die aus den Felsen blitzten?

Aller Wahrscheinlichkeit nach waren sie eher von dem Grün der Dollarnoten geblendet. Und ich? Ich sehe den Canyon vor lauter Bäumen nicht mehr.

Espen im Frühling, Kaibab-Plateau, North Rim.

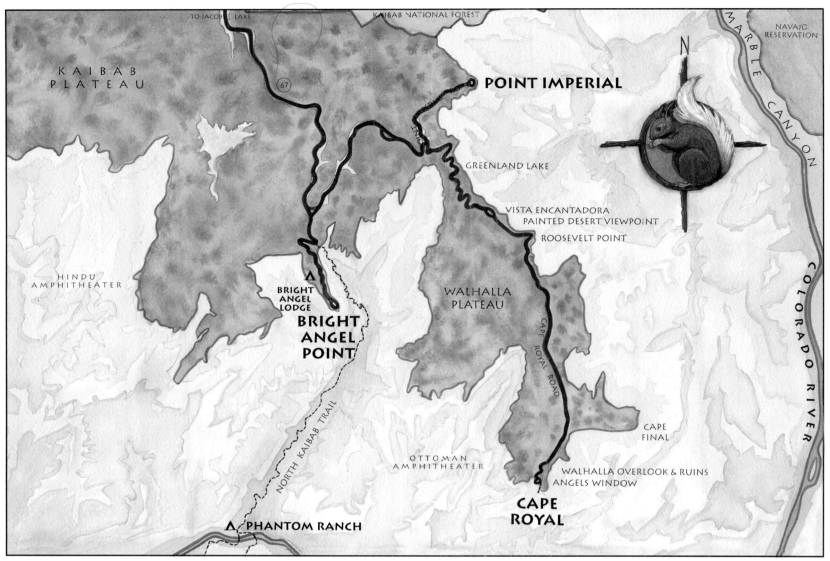

ILLUSTRATION VON DARLECE CLEVELAND

Nähert man sich dem North Rim, betritt man eine andere Welt. Bei der Anfahrt von Osten oder Norden auf dem U.S. Highway 89A führt die ansteigende Straße allmählich aus einer durch Wüstenbüsche geprägten Landschaft heraus durch einen Pinien- und Wacholder-Wald, auf den schon bald majestätische Ponderosa-Kiefern folgen. Vom Jacob Lake in Richtung Süden durchquert der State Highway 67 Mischwald mit Fichten, Tannen und Espen.

Alle touristischen Einrichtungen am North Rim, wie die Grand Canyon Lodge, der Campingplatz, das Visitor Center und die Läden sind gewöhnlich von Mitte Mai bis Mitte Oktober geöffnet. Die Straße von Jacob Lake bis zum North Rim über das Kaibab Plateau bleibt gewöhnlich bis Anfang November geöffnet.

Eine vom Park Service unterhaltene Teerstraße führt in östlicher und südlicher Richtung zu den fabelhaften Aussichtspunkten Point Imperial, Vista Encatada, Roosevelt Point, Walhalla Overlook und Cape Royal. Erkundigen Sie sich im Visitor Center über Zufahrtsmöglichkeiten zum Point Sublime, einem spektakulären Aussichtspunkt westlich vom North Rim Zentrum.

Für das Wandern am Rim entlang bieten sich Wege aller Art, vom kurzen Pfad von der Lodge zum Bright Angel Point, bis zum 16 Kilometer langen Ken Patrick Trail, der sich vom Ende des North Kaibab Trail bis zum Point Imperial erstreckt. Seien Sie sich aber bitte immer der hohen Höhenlage bewußt! Für den 14 Kilometer langen Weg bis Roaring Springs und wieder zurück sollten Sie mit sechs bis acht Stunden Gehzeit rechnen. Vom Rim bis zur Phantom Ranch sind es 22 1/2 Kilometer (eine Richtung).

Das Gebiet am nördlichen Rand des Colorado River setzt sich aus fünf genau umrissenen Hochebenen zusammen, die folgendermaßen benannt sind (von Osten nach Westen): Marble Platform, Kaibab, Kanab, Uinkaret und Shivwits Plateau. Was gewöhnlich als North Rim bezeichnet wird, ist im Grunde eigentlich der südliche Teil des Kaibab Plateaus.

Der Entwurf für die Grand Canyon Lodge stammt von Gilbert Stanley Underwood, der auch das Ahwanee Hotel im Yosemite Park und die Hotels in Bryce und Zion Park entworfen hat. Die Grand Canyon Lodge wurde 1928 fertiggestellt, brannte aber tragischerweise im Jahre 1932 ab. Fünf Jahre später wurde sie - mit

besserem Feuerschutz - wieder aufgebaut. Von der Lodge sind es nur sechzehn Luftlinienkilometer bis zum Grand Canyon Village am Südrand, zu Fuß beträgt die Entfernung etwa 32 Kilometer und auf der Straße fährt man 322 Kilometer.

Besucher mit geländegängigen Fahrzeugen und der entsprechenden Ausrüstung einschließlich Wasser und guter Karte - und ausreichend Geduld! -können über eine 96 Kilometer lange, ungeteerte Straße bis zum Toroweap Overlook fahren, wo es auch einen Campingplatz (kein Wasser!) gibt. Die Abzweigung vom Highway 389 befindet sich etwa 15 Kilometer hinter der Stadt Fredonia. Hier stürzen die Canyonwände fast 900 Meter senkrecht bis zum Colorado River hinab, und man hat von hier aus einen Blick auf die berüchtigten Stromschnellen Lava Falls.

Etwas weiter westlich liegt das Uinkaret-Plateau, wo die Landschaft durch Kiefernwälder geprägt ist, die von unwirtlichen Lavaflüssen durchzogen werden. Dahinter liegt das noch nicht offiziell unter Naturschutz stehende Shivwits-Plateau, für das genwärtig der Status als National Monument unter Diskussion steht.

LEBENSZONEN

Agave bei Sonnenuntergang. FOTO © TOM BEAN

Flußbiotop, Phantom Ranch. FOTO © JEFF NICHOLAS

Ponderosa-Kiefernwald, South Rim. FOTO © GREG PROBST

An einem warmen Septembertag 1889 machten sich der staatlich angestellte Biologe Clinton Hart Merriam und sein Assistent Vernon Bailey auf, den Grand Canyon unterhalb des Rim zu erkunden. Während sie auf einem Prospektorpfad in die Schlucht hinabstiegen, fiel ihnen auf, daß sich mit abnehmender Höhe die Vegetation dramatisch veränderte. Am Rand waren sie unter stattlichen Ponderosa-Kiefern gestanden, und in den kühleren, nach Norden ausgerichteten Schluchten wuchsen sogar Douglas- und Weißtannen. Aber schon dreihundert Meter unter dem Canyonrand passierten sie Waldland mit Pinien und Wacholder, und nach weiteren sechshundert Metern fanden sie sich in der kargen, wenn auch nicht unbewachsenen Wüstenlandschaft der Tonto Platform, auf der unter dem Buschwerk *blackbrush* besonders reichlich vertreten war. Für Merriam wurde die Anstrengung zu groß, und er mußte die Exkursion hier aufgeben, Bailey schaffte es jedoch bis zum Colorado River, wo er über weitere Wüstenpflanzen Bericht erstattete, zum Beispiel die „Honig"-Mesquitebäume (*Prosopis juliflora glandulosa*) und die Buscharten *brittlebrush* (*Encelia farinosa*) und *catclaw acacia* (*Acacia greggii*). Biologisch betrachtet hatten sie auf dieser Wanderung die Pflanzenwelt der Wälder Südkanadas bis zur Sonora Desert in Nordmexiko

durchkreuzt.

Wären die beiden Entdecker am North Rim gewandert, so hätten sie dort, auf einer Höhe von 2650 Metern, eine boreale Mischwaldlandschaft mit Zitterespenhainen, Engelmann-Fichten, alpinen Tannen, Weißtannen und Douglas-Tannen angetroffen.

Was verursacht diese eklatante Verschiedenheit? Merriam sah Temperaturunterschiede als den wesentlichen Faktor an. Bei dreihundert Meter Höhenverlust steigt die Temperatur um fast zwei Grad Celsius an. Weitere Untersuchungen ergaben, daß niedrigere Höhenlagen auch weniger Niederschläge haben. Eine äußerst wichtige Rolle spielt bei den unterschiedlichen Mikroklimas auch die Lage der Hänge – Südhänge sind heißer und trockener als nach Norden ausgerichtete Hänge. Weiterhin bestimmen die Bodenbeschaffenheit und verfügbaren Nährstoffe die Art der Vegetation in den verschiedenen Canyonbereichen.

Merriam sah Pflanzen und Tiere auf breite landschaftliche Streifen verteilt, die er als "Lebensräume" definierte. Doch wo Merriam scharf abgegrenzte, horizontale Zonen feststellte, sahen andere Forscher unscharfe Übergänge zwischen den verschiedenen pflanzlichen Gemeinschaften. Man kann es mit dem Regenbogen vergleichen, bei dem,

aus der Entfernung gesehen, die Farben scharf voneinander abgegrenzt, aber aus der Nähe betrachtet, die Übergänge abgestuft erscheinen. Ähnlich ist es mit der Verteilung von Pflanzen und Tieren über verschiedene Lebensräume hinweg.

Die wichtigen terrestrischen Lebensräume im Grand Canyon sind Borealwald, Ponderosa-Kiefernwald, Pinien-Wacholder-Gehölze, Wüsten- und Flußbiotope. Es ist bemerkenswert, daß drei der größten Wüsten Nordamerikas im Grand Canyon zusammentreffen. Auf der Tonto Platform wächst das für die Great Basin Desert typische Buschwerk. Im zentralen Canyonabschnitt wachsen am Ufer des Colorado River Pflanzenarten, die in der Sonora Desert heimisch sind, und im westlichen Teil sind einige der für die Mojave Desert charakteristischen Arten anzutreffen.

An einigen Stellen, wo aus den Felswänden Wasser heraussickert, finden sich ungewöhnliche "hängende Gärten". Nur an diesen Stellen wachsen im Canyoninnern Pflanzen wie Frauenhaarfarn, Gauklerblumen, wilde Trauben, Riedgräser und die endemische *McDougall's flaveria*.

GEGENSEITE: Espen im Borealwald auf dem Kaibab Plateau, North Rim. FOTO © LARRY ULRICH

Albert-Eichhörnchen, South Rim
FOTO © TOM und PAT LEESON

Kaibab Eichhörnchen, North Rim.
FOTO © TOM und PAT LEESON

DIE GESCHICHTE DER ZWEI EICHHÖRNCHEN

Hin und wieder hat man das Glück, am North Rim eines der Kaibab-Eichhörnchen zu erblicken, bei dem es sich um eine einmalig vorkommende Form der Quasselohr-Eichhörnchen aus der Gruppe der Baumeichhörnchen handelt. Das Kaibab-Eichhörnchen hat einen anthrazitgrauen Kopf und Körper, einen rostfarbenen Fleck auf dem Rücken und einen schneeweißen, buschigen Schwanz.

Das Albert-Eichhörnchen lebt auf dem South-Rim-Gebiet. Es hat einen grauen Körper mit weißen Zeichnungen auf dem Unterleib und einen mit Weiß durchzogenen Schwanz. Beide Arten von Quasselohr-Eichhörnchen leben nur in Gebieten mit Ponderosa-Kiefern. Dieser Baum ist für ihre Ernährung und beim Nestbau die Hauptquelle. (In den Siebziger Jahren wurden auf Anregung des Jagd- und Fischerei-Ministeriums des Staates Arizona einige Kaibab-Eichhörnchen auch in die begrenzten Kiefernwaldgebiete des Uinkaret-Gebirges im Arizona-Streifen des Canyon umgesiedelt).

Die isolierte Population der Kaibab-Eichhörnchen mit ihrer besonderen Zeichnung ist ein gutes Beispiel für das, was Biologen als "insuläre Evolution" bezeichnen. Auf Inseln - ob in der Mitte des Ozeans oder einem biologisch isolierten Lebensraum auf dem Land - sind oft Arten anzutreffen, die dort "endemisch" sind, d.h., sie treten nur in diesem bestimmten Gebiet auf. Im vorliegenden Fall handelt es sich um ein von Wüste umgebenes Ponderosa-Kiefernwaldgebiet.

Wie sind diese Eichhörnchen auf dem Kaibab-Plateau gelandet? Einem möglichen Szenario zufolge lebten die Vorfahren beider Eichhörnchenvariationen lange vor der Entstehung des Grand Canyon in einem riesigen, sich über das gesamte Gebiet erstreckenden Urwald. Durch die Schaffung des Canyon durch den Colorado River wurden die im Wald und im Canyon heimischen Eichhörnchen voneinander getrennt, und im Verlauf der Zeit entwickelte die isolierte, auf dem North Rim lebende Population Gene für die ihnen typische Färbung mit dunklem Körper und weißem Schwanz.

Das Problem bei dieser Erklärung liegt in den zeitlichen Zusammenhängen. Die Ponderosa-Kiefer migrierte erst vor etwa zehn- bis elftausend Jahren (wahrscheinlich von Süden her) ins nördliche Arizona. Der Grand Canyon ist aber mindestens einige Millionen Jahre alt. Wie konnte sich also die Kiefer bis zum Nordrand des Canyon verbreiten? Und wann folgte das Eichhörnchen? Vorläufig ist dieses Puzzle noch ungelöst.

Feststeht, daß diese Eichhörnchen bei der Gesunderhaltung der Ponderosa-Wälder eine äußerst wichtige Rolle spielen. Um das Wurzelgeflecht dieser Bäume wächst eine besondere Art von Pilzen, die Wasser und Mineralien aus dem Boden absorbieren und daraus Wachstum stimulierende Substanzen produzieren. Diese Stoffe werden wiederum vom Baum aufgenommen, und die Kiefer stellt über den Prozeß der Photosynthese Zucker für den Eigenbedarf wie auch für die Fungi her - ein schönes Beispiel für eine Symbiose. Das Fungusgeflecht produziert eine unterirdische Pilzfrucht, die „falsche Trüffel" genannt wird. Aber wie gelangen diese Sporen zu den jungen Bäumchen? Hier kommen die Eichhörnchen ins Spiel: Mit Hilfe ihres Geruchsinns spüren sie die falschen Trüffel auf, selbst unter fußhohem Schnee, graben sie aus und verzehren sie mit großem Genuß. Später, während sie von Baum zu Baum springen und im Wald umherlaufen, verbreiten sie mit ihrem Kot überall die Pilzsporen.

UNTER DEM CANYONRAND:

Von Sandsteinformationen im North Wash.   FOTO © RANDY PRENTICE

Vor dem Einschlafen, tief unten im Boucher Canyon, betrachtete ich über mir im schmalen Himmelsausschnitt den Streifen glitzernder Sterne - die Sternbilder des Frühlings stiegen über den Canyonwänden auf, und die Milchstraße erstreckte sich verwaschen von Rand zu Rand. Irgenwo weit weg trillerte eine Nachtschwalbe ihren Namen; ganz in der Nähe erklang der Ruf einer amerikanischen Eule. Eine Maus lief über meinen Rucksack und hielt kurz inne. Im Kerzenlicht flammten die Äuglein auf und das Schnurrhaar zuckte. Ein Weinschwärmer (*sphinx moth*), wie ein Kolibrie in der Luft schwebend, steckte seinen langen Rüssel in die weiße, trompetenförmige Blüte einer Stechapfelpflanze. Gerade noch wahrnehmbar war das Klick, Klick, Klick einer Fledermaus auf der Ultraschalljagd nach Insekten. Ich blies die Kerze aus.

Kurz vor Morgengrauen spürte ich kalte Tropfen auf mein Gesicht klatschen. Mit geschlossenen Augen griff ich nach einem Zipfel meiner Plane und wickelte mich wie einen "Burrito", einen mexikanischen Pfannkuchen, darin ein. Doch bald schon lief ein Bächlein durch meine Behausung.

"Okay, du gewinnst", rief ich den stillen Canyonwänden zu, worauf sie mir ein spöttisches Echo zurückwarfen. Schnell stopfte ich meine Sachen in den Rucksack und kletterte auf Händen und Füßen einen steilen Hang hinauf, bis ich zu einem Felsüberhang aus Tapeats-Sandstein gelangte. Der Boden des Felsvorsprungs war von den Gängen Hunderter von Schlickwürmern durchzogen, ein Zeugnis für das Meer, das vor einer halben Milliarde Jahren dieses Land bedeckte.

Im sanften grauen Licht der ersten Morgendämmerung feuerte ich den Herd an und brühte mir einen Java-Kaffee. Als es heller wurde, wirbelten Wolken von den Canyonrändern herunter und verhüllten langsam den „Tower of Ra". Es regnete ständig weiter, und das Nieseln erinnerte an das Schottische Hochland - doch von Heide und Moor keine Spur! Die felsigen Hänge hier waren dicht mit Yucca, Kaktus und dürren Sträuchern bewachsen.

Nach dem Frühstück klarte es sich allmählich auf. Ein doppelter Regenbogen überspannte plötzlich den Crystal Creek und bildete einen perfekten Rahmen für Mencius und Confucius Temple. Ich entschloß mich, in den Hermit Canyon aufzubrechen. Der Weg aus dem Boucher Canyon führt zu einer breiten, relativ flachen (aber beim Näherkommen doch stark gewellten) Terasse mit dem Namen Tonto Platform. Dieses Plateau, von dem aus man 300 Meter tief in den Inner Gorge hinabblickt, erstreckt sich vom Red Canyon im Osten bis zum Garnet Canyon im Westen. Auf der Nordseite existiert eine ähnliche landschaftliche Formation. Ein uralter Fußpfad durchzieht die südliche Plattform und ermöglicht den Zugang zu den verschiedenen Wanderwegen, die die Canyonränder miteinander verbinden. Dieser Ost-West-Pfad wird Tonto Trail genannt. Das Wort *tonto* bedeutet auf Spanisch „dumm, närrisch" und bezieht sich auf einen Trupp Apache-Indianer, die sich aber höchstwahrscheinlich nie auch nur in der Nähe des Canyon befanden. Der Tonto kann jedoch wirklich Narren aus den Wanderern machen. Zeitweise schlängelt er sich endlos von einem Seitencanyon in den nächsten, so daß man kilometerweise gehen muß, um eine Strecke zurückzulegen, die per Luftlinie nur einen Kilometer beträgt. Andererseits bietet dieser Weg großartige weite Ausblicke auf den Canyon und atemberaubende Blicke hinunter in die Schlucht des Inner Gorge und auf den mächtigen Colorado River.

Der Regen hatte die Wüste zum Leben erweckt. Wenn die Pflanzen ihr Stoma - also ihre Poren - öffnen, um Kohlenstoffdioxid „einzuatmen", entströmen Terpene und andere Gase und füllen die Luft mit wundervollen frischen Düften. Kakteen öffnen ihr Stoma nur nachts, um die Verdunstung einzuschränken. Das Kohlenstoffdioxid wird in Form von organischen Säuren gespeichert, die dann am Tage bei der Photosynthese verwendet werden.

Unter dem überall wachsenden Blackbrush-Gestrüpp wächst grünes Moos sowie eine mikrobielle Kruste, eine zarte, fast schwarze, aus Flechten, Algen und Fungi zusammengesetzte Schicht, die hilft, die der extremen Hitze ausgesetzte Erde zu binden. Hier entdeckte ich das Gehäuse der Landschnecke Oreohelix. In vergangenen geologischen Zeitaltern war diese Region feuchter, und Schnecken und ähnliches Getier konnten hier leben, ohne Gefahr zu laufen, wie Bündnerfleisch auszutrocknen. Im Laufe der letzten 11.000 Jahre erwärmte sich der amerikanische Südwesten und wurde zur Trockenlandschaft. Die Mollusken verschwanden, und es entwickelten sich andere Tierarten.

An der Kreuzung von Tonto Trail und Travertine Canyon entdeckte ich noch weitere Anzeichen einer feuchteren Vergangenheit. Große Wälle und Vorsprünge aus Travertingestein deuten darauf hin, daß vor langer Zeit stark mineralhaltiges Quellwasser von oben herunterfloß. Daraus sedimentierte Kalziumkarbonat (Kalkstein) und bildete den Travertin. Heute existieren diese Quellen nicht mehr.

Als ich den Blick nach oben schweifen ließ, sah ich zwei Rocky Mountain Dickhornwidder - *bighorns* (*Ovis canadensis*) - auf dem pistaziengrünen Bright-Angel-Schiefer-Abhang hinaufklettern. Sie hielten inne und starrten mich lange durchdringend an. Anscheinend fühlen sich diese wilden Schafe relativ sicher, wenn sie sich höher als ihr Gegenüber befinden und unterbrechen dann ihre Flucht. Dieser Augenblick der Stille wurde plötzlich durch lautes Hubschraubergeratter unterbrochen - zwei Helikopter hintereinander, und dann noch ein kleines Flugzeug. Dabei machen die Flugunternehmen Reklame, daß ihre Gefährte nur für ein paar Sekunden in die Stille des Canyon einbrechen - sie erwähnen jedoch nicht, daß es pro Jahr über 80.000

GEGENSEITE: Farne über dem Royal Arch Creek bei Elves Chasm. FOTO © LARRY ULRICH

Mesquite-Bäume an der Mündung des Nankoweap Creek.

Panoramaflüge gibt, was sich zu einer beträchtlichen Anzahl von Sekunden zusammenläppert. Als ich wieder den Hang hinaufblickte, waren die Dickhornschafe verschwunden.

Am Spätnachmittag gelangte ich zur Spitze der Supai Group - einer Felsgruppe aus rotem Sand- und Schiefergestein - und hatte gute 600 Meter Höhe zurückgelegt. Hier schlängelt sich der Pfad auf einem schmalen Sandsteinvorsprung hoch über einer Schlucht dahin. Raben gleiten auf Augenhöhe vorbei, und ein Schwarm kreischender Häher fliegt vorbei. Meine Aufmerksamkeit gilt jedoch in erster Linie meinen Füßen!

Hier wächst noch immer vereinzelt Blackbrush, neben "Mormonentee", Sagebrush, Bergmahagoni, schmalblättrigem Yucca, Zwergeichen, Pinien und Wacholdersträuchern. Am Wegrand entdecke ich ein seesternähnliches Lebewesen, das sich bei näherer Betrachtung als „Erdstern" (*Astreus hygrometricus*), ein dem Bovist ähnlicher Pilz entpuppt. Selbst in trockenen Jahren und auf diesem dürren Boden gedeiht diese Spezies - eines der vielen einzigartigen wunderbaren Lebewesen, die an diesem einzigartigen wunderbaren Ort aufzufinden sind.

Beavertail-Kaktus, Hermit Creek.

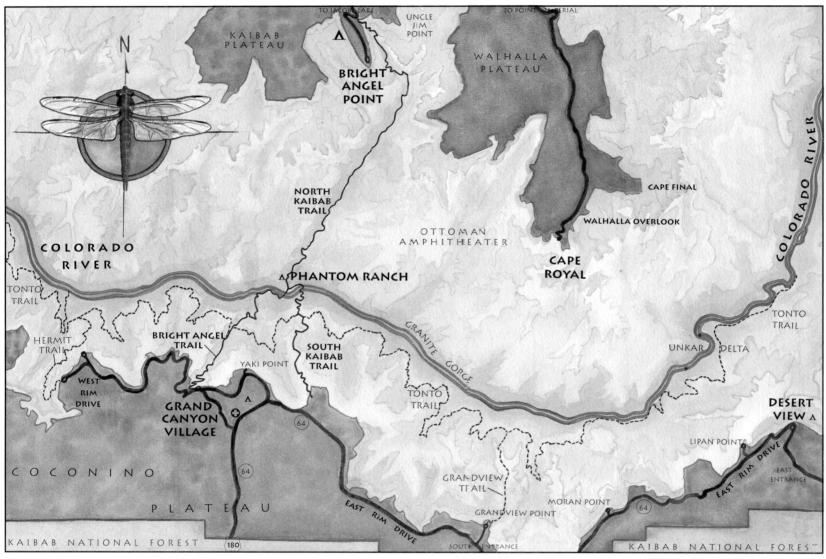

ILLUSTRATION VON DARLECE CLEVELAND

Der berühmte Canyon-Wanderer Harvey Butchart warnt ausdrücklich: „Der Grand Canyon ist nicht der Ort für den ungeübten Wanderer, Erfahrungen zu sammeln". Hier zu wandern, bedeutet, einen Berg in umgekehrter Richtung zu besteigen. Die Wege beginnen in großer Höhe (um die 2000 m) und führen natürlich abwärts. Dann, wenn man müde und staubig ist und womöglich noch Blasen an den Füßen hat, hat man den mühsamsten Teil der Wanderung - das Heraussteigen aus dem Canyon - noch vor sich. Zur Sicherheit sollte man immer damit rechnen, daß der Rückweg (bergauf) zweimal so lang dauert wie der Hinweg (bergab).

Zudem werden - außer den Bright Angel, North und South Kaibab Trails und ein paar wenigen kurzen Pfaden am Rim - keine Wege offiziell instand gehalten. Rechnen Sie mit steilen, oft gefährlich unsicheren Pfaden mit losem Geröll, auf dem man sich sehr leicht den Knöchel verstauchen kann.

Im Sommer wird es unten im Inneren des Canyon heiß wie im sprichwörtlichen Backofen. Die Temperaturen steigen bis zu - lebensgefährlichen - 50 Grad Celsius im Schatten. Wer wandert und Erschöpfung, Hitzschlag und Todesgefahr vermeiden

will, muß vier Liter Wasser pro Tag zu sich nehmen. Der Colorado River lädt zu einem erfrischenden Bad ein - doch lassen Sie sich nicht verführen. Es könnte Ihr letztes sein. Das Wasser ist eiskalt und die Strömung überraschend stark. Mehr Wanderer kommen im Grand Canyon durch Ertrinken um als durch irgendeine andere Ursache! Im Winter werden die höher liegenden Wegabschnitte durch plötzliche Schneestürme verdeckt oder vereist, und der Wanderer sieht sich mit der Gefahr erfrorener Gliedmaßen und lebensgefährlicher Unterkühlung konfrontiert.

Die beste Saison für Wanderungen im Grand Canyon ist der Frühling und der Herbst. Auch dann ist es äußerst wichtig, genug Wasser mit sich zu führen. Mit Ausnahme des Leitungswassers in den Campingplätzen muß Wasser jeglichen Ursprungs - Quellen, Bäche und Colorado River - keimtötend aufbereitet werden.

Achten Sie auch darauf, Ihren Proviant vor Tieren zu schützen. Untertags sind es die aggressiven Eichhörnchen, die ganze Rucksäcke durchbeißen können, um an ein gutes Fressen zu gelangen. Hängen Sie nachts alle Ihre Nahrungsmittel auf, um sie gegen den Zugriff durch Mäuse, Ratten, die

waschbärähnlichen *ringtails (Bassariscus astutus)* und Rehe zu schützen.

Vom South Rim führen zwei gute Wege zum Fluß hinunter: Der Bright Angel Trail (16,6 Kilometer zum Bright Angel Campground) und der South Kaibab Trail (10,3 Kilometer zum Bright Angel Campground). Der Hermit Trail (14,3 Kilometer bis zum Fluß) und der Grandview Trail (4,8 Kilometer zur Horseshoe Mesa) eignen sich gut als Vorbereitung für die primitiveren Routen in den Canyon.

Vom North Rim führt nur ein offizieller Weg, der North Kaibab Trail, in den Canyon hinunter (22,8 Kilometer). Kombiniert mit dem Bright Angel oder dem South Kaibab kann also der ganze Canyon durchquert werden.

Für alle Backpacking-Übernachtungen ist ein spezieller Erlaubnisschein erforderlich *(permit)*. Besorgen Sie sich einschlägiges Infomaterial im Visitor Center (z.B. den Backcountry Trip Planner). Backpacking-Abenteuer ohne mühseliges Planen organisiert das Grand Canyon Field Institut in Exkursionen mit geschulten Führern. Weitere Möglichkeiten, den Canyon zu erforschen, sind Mauleselexkursionen und Rafting Trips.

SEITE 40/41: Cottonwood-Baum und Havasu Falls; Morgen am Havasu Creek, Havasupai-Indianerreservation. FOTO © GARY LADD

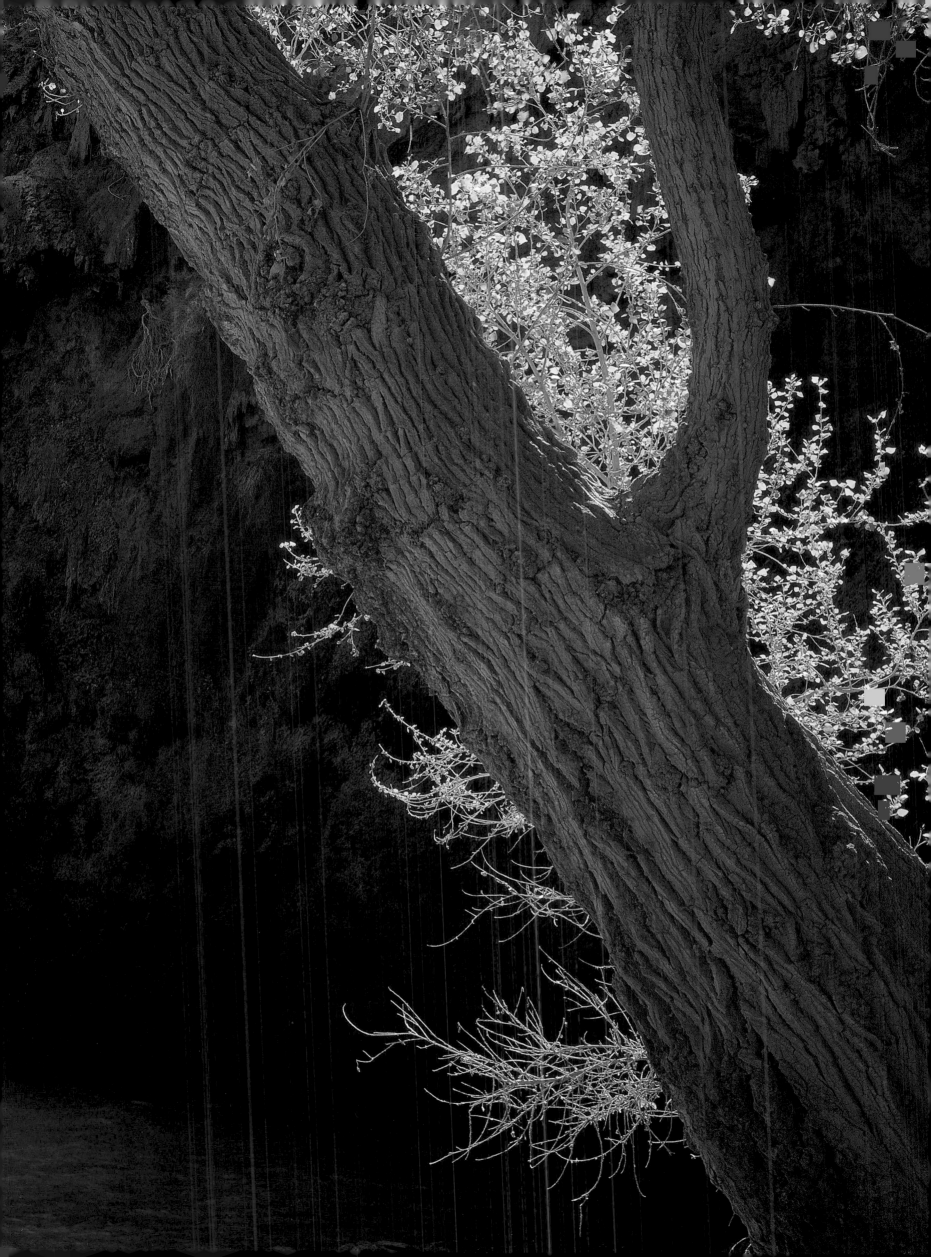

Blitzeinschlag auf die „Tempel" und Felsrücken des North Rim, Blick von Point Sublime. FOTO © DICK DIETRICH

WETTER

Mit dem Abstieg in den Canyon erhöht sich die Temperatur. (Über den Daumen gepeilt: pro 300 Meter Höhenverlust wird es um ca. 2-3 Grad Celcius heißer). An einem Sommernachmittag herrschen bei der Grand Canyon Lodge am North Rim (2530 m) möglicherweise um die 29 Grad, wogegen man unten bei der Phantom Ranch (732 m) gut 45 Grad im Schatten aushalten muß. Und im Winter, wenn oben am Rand Schneewehen sich an den orangefarbene Stämmen der Ponderosa-Kiefern ansammeln, wächst weiter unten am Ufer des Bright Angel Creek vielleicht schon saftiges grünes Gras.

Im Frühjahr kann das Wetter sehr wechselhaft sein, und Besucher müssen mit gelegentlichen späten Schneefällen rechnen. Im Frühsommer ist es meist trocken, Juli und August hingegen bringen fast jeden Tag Gewitter. Der Tag beginnt mit klarblauem Himmel, doch mit zunehmender Erwärmung wird feuchte Luft aus dem Norden Mexikos von Konvektionsströmen hoch hinauf in die Troposphäre transportiert, wo sich dann aufgrund der Kondensierung riesige Kumuluswolken bilden. Urplötzlich zieht ein Gewitter auf - ein greller Blitz zuckt aus der Wolke und schlägt in einen der „Tempel" des Canyon ein. Donnergrollen hallt von den Canyonwänden wider. Schwarze Regenwolken ergießen sich, doch nur auf wenige Stellen, der Großteil des Canyon bleibt trocken. Oft verdunstet der Regen noch bevor er die Erde erreicht - ein sogenannter „Virga-Schauer".

Der Regen bringt ein wenig Abkühlung, und die Wolken ziehen langsam wieder ab. Am Spätnachmittag ist es wieder klar und die Luft erfrischend. Die Wüste ist gereinigt.

Diese sommerliche Regenperiode wird als "Monsun" bezeichnet. Die Luftfeuchtigkeit ist das Resultat eines relativ stabilen Hochdrucks über dem Golf von Mexiko, der feuchte Luft in Richtung Mexiko und den amerikanischen Südwesten pumpt. Blitzschläge stellen während dieser Gewitter eine nicht zu verachtende Gefahr dar - bitte seien Sie vorsichtig, besonders wenn Sie sich am Canyonrand befinden!

Der Herbst bringt sonnige, trockene Tage und kühle sternklare Nächte. Die von Wanderern bevorzugte Saison.

Gegen Ende Oktober oder spätestens Mitte November kehrt der Winter zurück. Pazifische Tiefdruckgebiete ziehen über den Südwesten. An den höher gelegenen Stellen des North Rim kann fast 4 Meter Schnee fallen, der 460 Meter tiefer gelegene South Rim erhält etwa halb so viel Schnee. Die Straßen sind nur selten gesperrt, und die Hotels und anderen Besuchereinrichtungen bleiben auch im Winter geöffnet. Die hohe Lage, der niedrige Barometerdruck und die intensive Sonneneinstrahlung führen dazu, daß ein Großteil des Schnees sublimiert, d.h. nie die Flüssigphase erreicht. Dadurch kann sich der Schnee auf den Teerstraßen nicht lange halten.

GEGENSEITE: Glühende Wände über Stone Creek. FOTO © FRED HIRSCHMANN

Der Vishnu Temple am frühen Morgen.　　　FOTO © TOM TILL

Die Deva, Brahma und Zoroaster Temple.　　　FOTO © JEFF GNASS

Matkatamiba Canyon.　　　FOTO © LARRY ULRICH

Die indianischen Ureinwohner geben den geographischen Merkmalen ihrer Umgebung gern beschreibende Namen. Für den Stamm der Havasupai ist der Grand Canyon der *Chicamimi Hackatai* (großer Canyon mit tiefem Rauschen) oder der *Wikatata* (rauher Rand). Für die Paiute ist er der *Pahaweap* (Wasser tief unten in der Erde oder langer Weg zum Wasser).

Als erste Europäer erreichte im Jahre 1540 ein Trupp spanischer Soldaten den Canyon. Sie gehörten zur Coronado Expedition und waren auf der Suche nach den legendären „Sieben Städten von Cíbola". Pedro de Castañada verzeichnete die Lokalität als *barrancas*, was auf Spanisch „Felsen" oder „Klippe" bedeutet. Ein anderer Soldat überlieferte den Namen *arroyo*– Bach. Im Jahr zuvor war ein anderer Spanier, Francisco de Ulloa, bis zum oberen Teil des Gulf of California und der Mündung des Colorado vorgestoßen, hatte dem Fluß jedoch keinen Namen gegeben.

Der Gouverneur von New Mexico, Juan de Oñate, nannte den Fluß *Río Grande de Buena Esperanza* (großer Fluß der guten Hoffnung), als er ihn 1604 nahe des Zusammenflusses mit dem Bill Williams River im zentralwestlichen Arizona zum ersten Mal erblickte. Er war wohl der erste, der den Namen *Río Colorado* (roter Fluß) zum ersten Mal verwendete, doch bezog sich die Bezeichnung auf den lehmigen Little Colorado River. Der Spanier Juan Manje hat vermutlich als erster den Namen „Colorado" für den Hauptteil des Flusses verwendet, aber erst 1774

wurde der Fluß vom Franziskanerpater Frazy Fráncisco Tomás Garcés regelmäßig als Río Colorado bezeichnet.

Zwei Jahre später suchte der Pater die Indianerstämme der Hualapai, Havasupai und Hopi auf. Auf dem Weg erblickte er den Grand Canyon, wahrscheinlich in der Nähe des heutigen Aussichtspunktes Grand View. In seinen Bemerkungen sagt er, der Canyon wirke wie ein Gefängnis, doch gegen Nordosten sei eine paßähnliche Öffnung, die er nach dem Vizekönig von Neuspanien *Puerto de Bucareli* benannte. Die heutige Bezeichnung mit dem spanischen Wort *cañon* bürgerte sich erst hundert Jahre später ein.

Im Jahre 1857 nannte ihn Leutnant Joseph Christmas Ives den Big Cañon. Im darauf folgenden Jahr änderte ein unbekannter Lektor in einer Einführung zu Ives Bericht den Namen zu „Grand Canyon" um. So erscheint der Name auch auf einer von General William Palmer angefertigten Eisenbahnvermessungskarte. Es ist jedoch John Wesley Palmer, dem die Namensgebung Grand Canyon gewöhnlich zugeschrieben wird.

Viele der landschaftlichen Merkmale des Canyon erhielten ihre Namen durch Erzsucher, Ingenieure, Forscher und Kartographen, als sie den Canyon im Lauf ihrer Arbeit erforschten. Powell und seine Mannschaft benannten den Bright Angel Creek (Leuchtender Engel Bach) als Gegensatz zum Dirty Devil River (Schmutziger Teufel Bach), das Surprise Valley (Tal der Überrraschung) aus offensichtlichen

Gründen, und Vasey's Paradise, um einen Botaniker-Freund zu ehren. Im Gedenken an den ertrunkenen Peter Hansbrough, einem Mitglied der Mannschaft, gab der Eisenbahnvermesser Robert Brewster Stanton dieser Stelle den Namen Point Hansbrough. Der Passion des Geologen Clarence Dutton für Architektur und orientalische Religionen verdanken wir Bezeichnungen wie Brahma Temple, Budda Temple, Shiva Temple, Hindu Ampitheater, Palisades, Vishnu Creek und Zoroaster Canyon. Die Topographen François Matthes und Richard Evans bedachten den Canyon mit Namen aus der Klassik und mittelalterlichen Sagen wie Apollo Temple, Krishna Shrine, Excalibur, Guinevre Castle, Lancelot Point und Walhalla Plateau. Der frühe Anwohner und Goldsucher William Wallace Bass erdachte Copper Canyon, Garnet Canyon und Serpentine Canyon.

Zeitgenössische Wildwasserfahrer haben ebenfalls geographische Merkmale mit Namen bedacht wie z.B. Christmas Tree Cave, Furnace Flats (Heizofen-Ebene), Nixon Rock (man muß rechts daran vorbeirudern), Six Pack Eddy (nach einer Packung Bierdosen) und Rancid Tuna Fish Sandwich Rock (Ranziger-Tunfisch-Sandwichfelsen).

Am 3 Juli 1996 wurde Roosevelt Point am North Rim nach dem Präsidenten Teddy Roosevelt benannt, der sich sehr dafür eingesetzt hatte, den Grand Canyon zum Nationalpark zu erheben.

GEGENSEITE: Isis Temple, Sonnenaufgang. FOTO © ERIC WUNROW

Der FLUSS:

Rafter an der Stromschnelle Crystal Rapid. FOTO © MARY ALLEN

Unser Schlauchboot trieb langsam auf die als Horn Creek Rapid bekannte Stromschnelle - oder sollte man Malstrom sagen! - zu. Don lernte gerade, wie man dieses mit Rudern angetriebene, katamaranähnliche Bootsungetüm steuert. Er saß ganz oben am Heck, in beiden Händen eines der schweren Ruder. Hinter ihm kauerte Peter, ein erfahrener Rafter und unser Führer und Lehrer im Wildwasser-Rafting. Beinahe unmerklich aber unaufhaltsam näherten wir uns der grollenden Stromschnelle.

Der Colorado River verliert auf seinem Lauf durch den Grand Canyon durch 160 größere Stromschnellen 600 Meter Höhe und wird allgemein als eines der Top-Wildwasserabenteuer Nordamerikas betrachtet. Mir sind allerdings die stillen, seeähnlichen Strecken am liebsten, die die kurzen Momente des aquatischen Chaos einer Stromschnelle unterbrechen. Durch Sturzfluten und Steinschläge hat sich tonnenweise Geröll aus den Seitencanyon im Hauptfluß angesammelt - Felsbrocken, die oft zu groß sind, um vom Colorado River weggeschwemmt zu werden - und so entsteht eine Stromschnelle. Das Wasser staut sich oft über diesen Geröllblockaden, was nicht nur hin und wieder erholsam stille Gewässer schafft, sondern stromaufwärts auch oft starke Strömungen verursacht, die den Steuermann veranlassen, das Raft bis ganz an den Rand des Flusses zu lenken und dabei besorgt über die Schulter zu blicken.

Wir näherten uns der Zunge, dem V-förmigen, glatten Wasserabschnitt (dem „Slick") kurz vor der Mitte der Stromschnelle. Unser schweres Raft stand senkrecht zur Strömung, eine Position, in der sich das Boot besser manövrieren läßt.

„Drücke fest auf beide Ruder, Don", sagte Peter mit ganz ruhiger Stimme, „Okay, das ist fest genug".

„Jetzt bereite dich drauf vor, am linken Ruder zu ziehen, und gleichzeitig das rechte zu drücken".

Durch dieses Manöver kann das Boot um 90 Grad gedreht werden, so daß es mit dem Bug flußabwärts gerichtet ist. Dann können die Ruder als Bremsen benutzt werden, um unser Dahinschießen ein wenig zu verlangsamen oder uns von einem gefährlichen Felsbrocken oder Loch fernzuhalten. Diese Methode wurde erstmals von dem Bergsteiger Nathaniel Galloway angewendet, als er 1897 den Colorado hinabruderte.

„Okay, Don. Ziehen und drücken". Es vergingen kostbare Sekunden.

„Drehen, Don, drehen", Peter ließ sich keinerlei Erregung anmerken, keine Angst.

Ich klammerte mich fest.

Das tosende Wasser krachte ohrenbetäubend um das Boot. Dons Augen waren groß wie Untertassen, sein Gesicht von purer Angst verzerrt, die Arme wie festgefroren.

„Don dreh das Boot! Zu spät, Don", Peters Stimme war noch immer sanft.

Wir schossen über die Kante hinweg, immer noch horizontal zum Fluß

ausgerichtet. Der stromabwärts gerichtete Bootsschlauch sank wie ein Anker, der Schlauch stromaufwärts bäumte sich wie ein Wal auf. Ein Schwall eiskaltes Wasser klatschte über uns zusammen. Meine Knöchel wurden weiß, die plötzliche Kälte nahm mir den Atem, aber statt Luft saugte ich Wasser ein. Mein Gott, wir kentern!

In den hundert Jahren, seit John Wesley Powell 1869 auf dem Colorado River durch den Grand Canyon hinabgerudert war, hatten es nur eine kleine Handvoll tapferer Männer und Frauen gewagt, die Stromschnellen zu bezwingen. Zwei dieser Leute war ein Paar auf Flitterwochen, Glen und Bessie Hyde. Im Jahre 1928 setzten sie ihr selbstgemachtes Boot in den Fluß. Sie schafften es bis zur „232 Mile Rapid" am westlichen Ende des Grand Canyon. Dann waren sie auf immer verschwunden. Ihr Boot fand man aufrecht stehend, komplett mit Ausrüstung, einschließlich Bessie's kryptischem Tagebuch.

Zwei Botanikerinnen, Elzada Clover und Lois Jotter, schlossen sich im Jahre 1938 der Expedition Norman Nevills an und waren die ersten Frauen, die die Fahrt durch den Grand Canyon lebend überstanden. Viele Jahre später organisierte Nevills als erster kommerzielle Flußfahrten durch den Canyon. Anfangs der 50er Jahre entwickelte Georgie Clark White eine revolutionäre Methode, den Fluß zu befahren. Sie baute riesige Floße - Rafts - aus Brücken-Pantons, die aus überschüssigem Material aus dem 2. Weltkrieg stammten. Auf ihrer motorisierten Riesengefährten war die Fahrt relativ sicher und wurde auch für unerfahrene, abenteuerlustige Menschen interessant. Und Georgies Badeanzüge im Leopardenmuster waren legendär!

Bis zum Jahr 1964 waren insgesamt nicht einmal tausend Menschend den Colorado hinunter gerudert. Also war es umso erstaunlicher, als man 1972 mehr als 16.000 Menschen zählte, die die Bootsfahrt machten. Dieser plötzliche Anstieg in der Zahl der Ruderer war für die Parkverwaltung besorgniserregend. Man begann mit Untersuchungen zu den potentiellen Umweltbelastungen und Behebungsmaßnahmen. Nach kurzer Zeit ergaben diese Studien, daß der riesige Glen Canyon Dam, der 1963 stromaufwärts errichtet worden war, ebenfalls schädliche Auswirkungen auf das Ökosystem des Flusses ausübe.

Der Fluß der einmal „ zu dick zum Trinken, aber zu dünn zum Pflügen" war, hatte sich zum kalten, klaren Strom entwickelt. Die jährlichen Frühjahrsüberschwemmungen, durch die sich immer wieder neue Sandstrände gebildet und die anderswo die Ufervegetation hinweggerissen hatten, gab es nicht mehr. Die heimischen Fische waren von „exotischen" Forellen verdrängt worden, und neuartige Pflanzen, manche hier heimisch, manche nicht, setzten sich am Ufer fest. Es bildete sich ein neues Uferbiotop, in dem manche heimische Tiere gut gediehen, andere jedoch ein verändertes Migrationsverhalten an den Tag legten. Der gefährdete Wandertyrann (*Empidonax traillii extinus*) und die hier früher nicht

---

Sonnenaufgang an den Vermillion Cliffs über den Badger Rapids im Marble Canyon.

beheimatete Vogelart Bell's vireo (*Vireo bellii arizonae*) bauen beide ihr Nest in der hier ursprünglich nicht heimischen Tamariske. Der Gelbschnalbelkuckuck (*Coccyzus americanus*), ein anderer Ufervogel, wurde jedoch schon seit 1971 nicht mehr gesichtet. Dutzende von Weißkopfadleren überwintern jetzt im Canyon und ernähren sich von den eingewanderten Forellen.

Heute nehmen jährlich über 20.000 Menschen an Flußfahrten teil. Aller Abfall einschließlich der Exkremente werden aus dem Canyon hinaustransportiert. Im Jahre 1992 verabschiedete der amerikanische Kongress ein Gesetz zum Schutz des Grand Canyon, in dem von den Betreibern des Glen Canyon Stauwerks verlangt wird, den Lebensraum der heimischen Tiere und Pflanzen so wenig wie möglich zu beeinträchtigen.

Zurück zu Horn Creek - nach einer Ewigkeit, die in Wirklichkeit jedoch nur ein paar Sekunden dauerte, schossen wir aus den schäumenden Wellen heraus und fanden uns in einem gegen den Strom gehenden Wirbel, in relativ ruhigem Wasser unterhalb der Stromschnelle. Wir waren am Leben! Und noch im Boot! Don sah aus, als litte er an Schock, aber Peter schüttelte nur den Kopf. Was für eine Fahrt! Wieder mal dem Tod eins ausgewischt! Fußnote: Don gab das Raften auf und kehrte wieder zu einem bodenständigen Lebensstil zurück.

Das Beau–Konzert in Redwall Cavern.

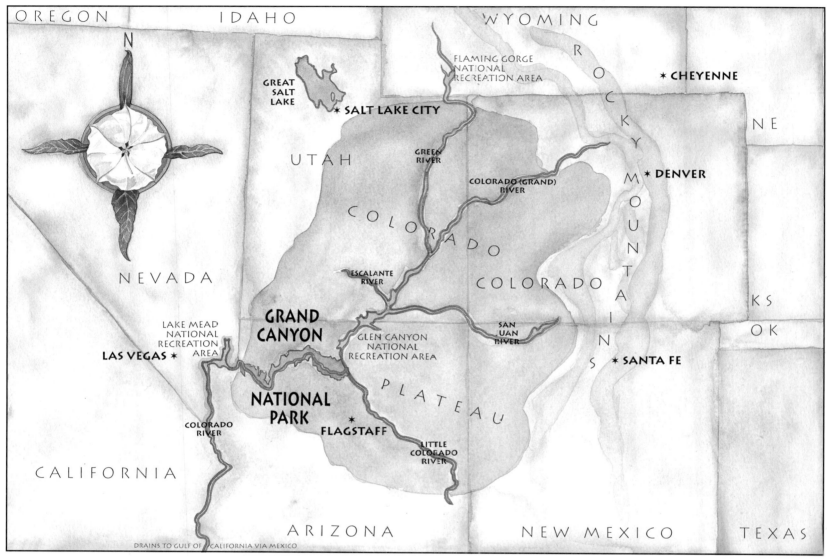

Der Coloradeo entspringt am Hauptkamm der Rocky Mountains, der kontinentalen Wasserscheide des Südwestens, windet sich 2330 Kilometer bis zum Meer und entwässert dabei ein Gebiet so groß wie Frankreich. Das heißt, er fließt beinahe bis zum Meer. Heute ist das Flußbett kurz hinter der mexikanischen Grenze meist völlig trocken - alles Wasser gestaut, umgeleitet, verdunstet.

Noch vor hundert Jahren vereinigten sich die Gewässer des Green River und des Grand River tief im Herzen des heutigen Canyonland National Park im zentralöstlichen Utah zum ungebändigten Colorado. Im Jahre 1921 wurde auf Verlangen des Staates Colorado der Name vom amerikanischen Kongress zu Colorado River umgeändert. Der frühere Name findet sich noch in den Ortsnamen Grand Lake, Grand Junction und Grand Mesa. Der Green River ist mit seinen 1175 Kilometer der längste Nebenfluß des Colorado und liefert ca. zwei Drittel der Wassermenge. Rein hydrologisch betrachtet hätte

also eigentlich der Green River den Namen Colorado verdient. Die Politik überschattete jedoch Wissenschaft und Logik.

Die Flußregulierung im großen Stil begann 1922 mit einer Vereinbarung, dem Colorado River Compact, wodurch sieben westliche Staaten - Wyoming, Utah, Colorado, New Mexico, Arizona, Nevada und Kalifornien - in obere und untere Becken eingeteilt wurden, mit Lees Ferry als Teilungspunkt. Jedem Becken wurden jährlich 9252 Millionen Kubikmeter Wasser zugeteilt. 1944 erhielt Mexiko das vertraglich zugesicherte Recht auf 1850 Millionen Kubikmeter Wasser pro Jahr. Seit 1930 führt der Colorado River jedoch nur mehr 17.270 Millionen Kubikmeter Wasser Durch Verdunstung aus den Stauseen gehen weitere 2467 Kubikmeter verloren; insgesamt fehlen also 5551 Kubikmeter. Zudem pochen heute auch mehrere Indianerstämme, die in der Vereinbarung von 1922 nicht eingeschlossen waren, auf ihr Recht nach fairer Wasserzuteilung.

Tatsache ist - es gibt einfach nicht genug Wasser. Der Forscher und Geologe John Wesley Powell war sich dessen von Anfang an bewußt. Er versuchte, die Öffentlichkeit davon zu überzeugen, bei der Entwicklung des Südwestens im Hinblick auf die begrenzten Wasservorräte gemeinschaftlich und koordiniert vorzugehen. Aber nur wenige hörten auf ihn.

Als erster großer Staudamm am Colorado River wurde 1935 der Hoover Dam, ursprünglich Boulder Dam genannt, eingeweiht. Sein Stausee, der Lake Mead, erstreckt sich über 65 Kilometer weit in den unteren Grand Canyon hinein. 1963 wurde 24 Kilometer stromaufwärts von Lees Ferry der letzte große Staudamm - der Glen Canyon Dam - gebaut. In den Sechziger Jahren existierten Pläne für zwei weitere Dämme innerhalb des Grand Canyon, wovon einer etwa 48 Kilometer stromabwärts von Lees Ferry und der andere im westlichen Canyon angelegt werden sollte. Gegenwärtig ist die Errichtung neuer Staudämme politisch nicht durchführbar.

Major John Wesley Powell.   GRAND CANYON NATIONAL PARK #17227

Dory vor den gigantischen Wänden.   FOTO © DUGALD BREMNER

JOHN WESLEY POWELL

Im Jahr 1861 schloß sich ein siebenundzwanzigjähriger Schulrektor aus Illinois der Union Army an, um gegen das Sklaventum zu kämpfen. Im darauf folgenden Frühjahr, bei der Schlacht von Shiloh, als er gerade den Arm zum Kommando „Feuer" angehoben hatte, traf ihn eine Kugel der „Confederates", der Südstaaten-Armee und zerschmetterte den Knochen. Der Arm mußte amputiert werden. Dadurch nicht entmutigt, diente Powell bis zum Ende des Bürgerkriegs weiterhin in der Armee. Nach dem Krieg unterrichtete er Naturwissenschaften an der Wesleyan Universität im Staate Illinois.

Gemeinsam mit seiner Frau Emma Dean und einer kleinen, aus interessierten Studenten und Verwandten zusammengesetzten Gruppe erforschte er im Sommer 1867 und 1868 den oberen Colorado River. Powell wollte „sich über die Kräfte Klarheit verschaffen, die den Kontinent geformt haben". Dieses Ziel führte schließlich zum Plan, eine riesiges, bis dahin auf den Karten noch weiß gelassenes Gebiet, zu erforschen. Er würde den Green River bis zum Zusammenfluß mit dem Grand River hinabrudern und dann die Fahrt auf dem Colorado fortsetzen. Er würde die *tierra incognito* einzeichnen.

Die erste transkontinentale Eisenbahn war gerade fertiggestellt worden, und Powell benutzte das neue Verkehrsmittel, um vier nach seinem Entwurf gebaute hölzerne Boote nach Green River Station, im damaligen Wyoming Territory, transportieren zu lassen. Am 24. Mai 1869 stießen Powell und seine Achter-Mannschaft vom Ufer ab und begannen die Fahrt ins Ungewisse. Bald schon war ein Boot in den Stromschnellen verloren gegangen, und ein Mann verließ die Expedition bei Vernal, in Utah. Am 10. August erreichten sie die Mündung des Little Colorado und es begann die Fahrt in den gänzlich unbekannten Grand Canyon. Powell und seine Leute waren sich nicht voll bewußt, wie schwierig es sein würde, die ihnen bevorstehenden Stromschnellen zu bewältigen. Endlos zogen sich die Tage dahin, während sich die Männer mit den schweren Booten abplagten. Durch manche Stromschnellen gelang es ihnen, die Boote zu manövrieren; oft mußten sie sie auch mit Leinen ans Ufer ziehen oder tragen.

Die Essensvorräte gingen zur Neige und waren vom Schimmel befallen. Drei Monate hatten die Männer schon auf dem Fluß verbracht, als plötzlich eine ganz besonders furchtbare Stromschnelle vor ihnen lag - und diesmal gab es keine Möglichkeit, sie auf dem Lande zu umgehen. Drei Männern war es zuviel geworden. Sie hatten genug vom Fluß und auch von Powells arrogantem, kaltem Führungsstil. Sie machten sich auf, durch die heute als Separation Canyon bezeichnete Schlucht herauszuwandern und wurden nie wieder gesehen. Wie sich herausstellte, war dies die letzte schwierige Stromschnelle. Am nächsten Tag, dem 30. August, ruderten Powell und seine fünf Getreuen bei den Grand Walsh Cliffs aus dem westlichen Ende des Grand Canyon in die offene Landschaft.

Powells erfolgreiche Expedition machte ihn zum Nationalhelden. In den Jahren 1871-1872 kehrte er noch einmal zum Colorado zurück, diesmal mit besserer Ausrüstung und dem Vorteil seiner Erfahrungen. Später ging er nach Washington, wo er einflußreiche Posten innehatte. Powell gründete und leitete das amerikanische kartographische Institut, das U.S. Geological Survey, wie auch das Büro für Amerikanische Ethnologie des Smithsonian Museums. Er war auch einer der Mitbegründer der National Geographic Society.

Vor ca. 11.000 Jahren, gegen Ende der letzten Eiszeit, streiften nomadische Urvölker, von den Archäologen „Paläolithische Jäger" genannt, über das Gebiet „Intermountain West". Sie jagten Großwild - in erster Linie Mammut, aber auch andere prähistorische Tiere wie Kamele, Harrington's Schneeziege, Urrinder und Riesenfaultiere. Knochen und Kotspuren dieser Urtiere wurden in der Grand-Canyon-Region entdeckt, also ist es wahrscheinlich, daß zumindest einige kleine Trupps dieser Frühmenschen hier durchzogen. Zum Erlegen der riesigen Säugetiere verwendeten die Jäger das speerwerfende atlatl als Waffe. Tausend Jahre später war das Mammut im Südwesten Amerikas ausgestorben, und das Bison wurde das wichtigste Beutetier der Menschen von damals.

Im Lauf der nächsten tausend Jahre wurde das Klima immer wärmer und trockener, und die Ökologie der Pflanzen und Tiere im Canyon erlebte dramatische Veränderungen. Die meisten der Riesensäugetiere des Eiszeitalters starben aus. Die noch übriggebliebenen Großwildherden migrierten ostwärts, in Richtung Prärie (Great Plains), und die Paläolithischen Jäger folgten ihnen. Danach ließ sich eine andere Menschengruppe hier nieder, die wahrscheinlich aus dem Great Basin Gebiet zuwanderte.

Anders als ihre Vorgänger ernährten sich die Menschen dieser „Archaischen Kultur" hauptsächlich von wilden Pflanzen, obwohl sie auch auf Rehe und Wildschafe Jagd machten. Sie verwendeten Steine, um Gräser und Körner zu Mehl zu vermahlen. Körbe, Seile, Netze wurden kunstvoll aus Haar und Pflanzenfasern angefertigt. Da sie häufig von Ort zu Ort wanderten, bauten sie nur schnell zu errichtende Hütten aus Zweigen und Gräsern. Im Westteil des Grand Canyon finden sich Felsmalereien mit erstaunlichen, geisterhaften Figuren, die diesem Volk zugeschrieben werden. Außerdem hinterließen sie in schwer zugänglichen Höhlen mysteriöse, aus gespaltenen Weidenzweigen angefertigte kleine Figuren.

Um 200 A.D. wurden durch Tauschhandel mit Menschen aus Mexiko verschiedene Maisarten eingeführt, die sich bald zum wichtigen Nahrungsmittel entwickelten. Die Landwirtschaft begann Fuß zu fassen, und der Canyon wurde auf der Suche nach neuen Siedlungsmöglichkeiten wie auch weiterhin auf der Jagd nach Wild und zum Sammeln von Piniennüssen aufgesucht. Bereits um 700 A.D. wurden an beiden Canyonrändern und auch im Canyon selbst kleine Kliffhäuser und gelegentlich auch größere Pueblos errichtet. In den folgenden Jahrhunderten ließen sich immer mehr Menschen im Canyon nieder. Es wurden allmählich Bohnen, Mais, Kürbis und vielleicht auch ein wenig Baumwolle angebaut. Anstelle des atlatl wurde nun mit Pfeil und Bogen gejagt. Es existieren Beispiele von feiner Töpferei und aus Yucca-Fasern angefertigte Sandalen. Diese im östlichen Canyon

ansässigen Bauern werden heute als die Vorfahren der Publoindianer oder Anasazi bezeichnet. Im Westen und Süden lebte der Stamm der Cohonina.

Doch um 1130 A.D. hatte dieses Bauernvolk das Gebiet verlassen, wahrscheinlich wegen Überbevölkerung, anhaltender Dürrezeit und dem Verschwinden der natürlichen Ressourcen. Fünfzig Jahre später wurde das Klima wieder feuchter. Einige dieser Menschen kehrten zurück und bauten entlang dem Canyonrand Siedlungen, wie z.B. Tusayan. Weniger als 100 Jahre darauf waren auch diese Bewohner wieder verschwunden.

Zu Beginn des 14. Jahrhunders wanderte der Indianerstamm der Cerbat, die als die Vorfahren der modernen Hualapai und Havasupai betrachtet werden, in die Canyonregion ein. Sie breiteten sich nach Osten bis zum Little Colorado aus, siedelten sich jedoch vornehmlich an der Südseite des Canyon an. Die Cerbats lebten in runden, aus Zweigen angefertigten Hütten, den wickiups. Anstelle von Sandalen aus Yucca-Fasern trugen sie Leder-Moccasins.

Etwa zur gleichen Zeit stießen Indianer des im Norden lebenden Stammes der Südlichen Paiuten auf der Jagd nach Tieren und der Suche nach Pflanzen bis zum Kaibab-Plateau vor. Hin und wieder überquerten die Paiuten den Colorado und überfielen die Cerbaten, die dann Racheangriffe ausführten. Heute lebt die Kaibab-Gruppe der Südlichen Paiuten auf einer kleinen Reservation nördlich des Grand Canyon, westlich der Stadt Fredonia.

Die Hualapai-Reservation erstreckt sich entlang des South Rim am westlichen Grand Canyon. Die meisten Indianer vom Stamm der Havasupai leben im Dorf Supai, das sich tief unten auf dem Boden des Havasu Seitencanyon (Cataract) befindet.

Im Jahr 1540 suchten der Spanier Garcia López de Cárdenas und seine Soldaten drei Tage lang von der jetzt „Desert View" genannten Stelle aus nach einem Weg zum Colorada River. Cárdenas war von einem Hopi-Indianer hierher geführt worden, und es ist wohl nicht verwunderlich, daß der Einheimische zwar viele Wege in den Canyon kannte, aber nicht bereit war, diese dem Fremden preiszugeben. So führte z.B. ein alter Hopi-Pfad zu einer Höhle, wo heiliges Salz gespeichert wurde, und dann weiter zu einer geheimnisvollen Quelle, die *Sipapuni* oder „Ort des Entspringens" genannt wurde. Von dem unwirtlichen Land abgeschreckt und enttäuscht, daß es hier kein Gold gab, kehrten die Spanier nach Mexiko zurück.

Not until two centuries later did the next European visit the Grand Canyon. During this hiatus, the first Navajos probably came into the region. The Navajo Nation now abuts the eastern boundary of the park.

Zwei Jahrhunderte vergingen, bevor wieder Europäer zum Grand Canyon gelangten. Es wird vermutet, daß die ersten Navajo-Indianer in dieser Zeit in das Gebiet kamen. Die heutige Navajo Nation grenzt im Osten an den Grand Canyon National Park an.

Am 20. Juni 1776 kletterte der Franziskanerpater Francisco Tomás Garcés auf einer Leiter die steilen

OBEN: Anasasi-Kornspeicher bei Nankoweap Creek granaries near Nankoweap Creek. FOTO © TOM BEAN

Felswände in den „Rio Jabesu" (Havasu) Canyon hinab. Dort wohnten die Havasupai, ein Indianerstamm, und bebauten Felder am Ufer des Havasu Creek.

Auf der Suche nach einem Rückweg vom westlichen Utah nach Santa Fe stießen etwas später im selben Jahr die Padres Francisco Atanasio Domínguez und Silvestre Vélez de Escalante beinah auf den Nordrand des Grand Canyon. Aber sie bekamen nur den Eingang zum Canyon, in der Nähe des heutigen Lee's Ferry, zu sehen.

Das Territorium war zwar bis 1848 im Besitz Mexikos, doch durchkreuzten amerikanische Trapper auf ihrer unermüdlichen Jagd nach Tierfellen häufig das Gebiet. Nur wenige von ihnen hinterließen Aufzeichnungen; von einem, James Ohio Pattie, stammt ein Tagebuch aus dem Jahr 1826, das allerdings so vage ist, daß seine Route im nördlichen Arizona nicht genau nachvollzogen werden kann. In einem Abschnitt beschreibt Pattie den Canyon und den tief unten fließenden Colorado: "Diese schrecklichen Berge bilden solch einen engen Käfig um den Fluß, daß nirgendwo Menschen zu seinem Ufer gelangen können".

Im Jahre 1851 warnte der Scout und vormalige Trapper Antoine Leroux den staatlichen Vermesser Captain Lorenzo Sitgreaves, er solle nicht versuchen, die Little Colorado River-Schlucht zu durchqueren, da im unteren Teil große Hindernisse bestünden. Es ist also anzunehmen, daß Leroux zumindest mit einigen Canyonabschnitten vertraut war. Noch im selben Jahr drangen die Pater Francisco Atansio Domínguez und Silvestre Vélez de Escalante beinah bis zum Nordrand des Grand Canyon vor. Sieben Jahre später gelang es Leutnant Joseph Christmas Ives, am Diamond Creek entlang durch den Peach Spring Canyon bis zum Colorado River vorzustoßen. Ives nannte den Canyon den „Eingang zur Hölle", und der die Expedition begleitende Künstler Friedrich W. von Egloffstein hielt diese Interpretation bildlich auf düsteren Landschaftsmalereien fest. Ives war der Meinung, „wir waren die ersten Weißen, und werden zweifellos auch die einzigen bleiben, die diesen unergiebigen Ort aufgesucht haben".

Die Ives' Expedition stieß jedoch weiter in Richtung Osten bis zum Havasu Canyon vor. Dort wollte der stattliche Egloffstein auf der gleichen Route in die Schlucht einsteigen, auf der 82 Jahre zuvor Garces in den Canyon geklettert war. Die Leiter brach und Egloffstein stürzte in den Abgrund, blieb jedoch erstaunlicherweise unverletzt. Er suchte die Havasupai-Indianer auf. Anschließend wurde er mit Hilfe von zusammengeknüpften Pistolengurten wieder zum Rand hinauf befördert.

Dem Geologen John Wesley Powell gelang es

im Jahre 1869 erstmals, den Canyon im Boot zu durchrudern. Im folgenden Jahr machten die Missionare Jacob Hamblin und sein indianischer Führer Chuarrumpeak Wege und Quellen im Grand Canyon Gebiet ausfindig, um Powell bei seinen wissenschaftlichen Explorationen zu unterstützen und Informationen für Mormonensiedlungen zu sammeln.

Als Direktor des staatlichen Vermessungsinstituts, U.S. Geological Survey, entsandte Powell Geologen ins südliche Utah und nördliche Arizona. Clarence Duttons *Tertiary History of the Grand Cañon District* (1882) wird allgemein als die klassische geologische Abhandlung über diese Region betrachtet.

Gegen Ende des neunzehnten Jahrhunderts verschlimmerte sich die Ausbeutung der mageren Bodenschätze und Weidemöglichkeiten des Canyon immer mehr. 1883 kamen die ersten Touristen und fanden Unterkunft in Farlee's Hotel im westlichen Grand Canyon. Im darauffolgenden Jahr stieg Mrs. Ayer aus Flagstaff als erste Frau - abgesehen von Indianerfrauen - in das Herz des Grand Canyon hinunter. Als Führer diente ihr John Hance, der als Gold- und Silbersucher gekommen war, jedoch bald entdeckt hatte, daß in den Geldbeuteln der Touristen mehr Schätze zu finden waren. Einer seiner Gäste schrieb: „Gott hat den Canyon erschaffen, John Hance die Wege. Beiden zusammen verdanken wir unser Erlebnis."

Wandern zum Vergnügen wurde erst in den Sechzigerjahren populär. Der berühmteste Hiker ist wahrscheinlich Colin Fletcher, ein Engländer aus Wales, der 1963 vom Havasu Canyon im Osten bis zum Little Colorado ging, dort den Colorado durchschwamm und über den alten Nankweap Trail herausstieg. In seinem Buch *The Man Who Walked Through Time* beschreibt er faszinierend seine Erlebnisse.

Colin Fletcher hatte sich mit großer Sorgfalt auf den Trek vorbereitet. Er hatte alle Informationen über Wandern im inneren Grand Canyon gesammelt, und mit Rangern, Geologen, Lasttiertreibern und Bootsführern gesprochen. „Bald wurde mir jedoch klar, daß eigentlich keiner über die entlegeneren Gebiete im Bilde war. Ich suchte weiter nach Leuten, die wirklich Erfahrung mit Wandern im Canyon hatten und fand einen einzigen: einen Mathematikprofessor am Arizona State College in Flagstaff. Gottlob war Professor Harvey Butchart tatsächlich ein Experte.

Butchart kam 1945 nach Flagstaff, um dort zu lehren. Er wanderte im Grand Canyon und begann als typischer Mathematikprofessor die innere Welt des Canyon systematisch zu erforschen. Fünfzig Jahre lang wanderte und kletterte der drahtige Butchart unermüdlich in alle Ecken und Winkel des Canyon. Insgesamt legte er über 19.000 Kilometer per Fuß zurück und erklomm als erster drei Gipfel.

OBEN: Frauen und Maulesel auf dem Bright Angel Trail (ca. 1910). FOTO VON EMORY KOL, GRAND CANYON NATIONAL PARK #5433

Igelkerzen - Kaktus.
FOTO © PAT O'HARA

Indian Paintbrush.
FOTO © JEFF NICHOLAS

Brittlebrush.
FOTO © STEWART AITCHISON

Bei einem Höhenunterschied von fast tausend Metern vom Boden des Canyon bis zum Rand ist es nicht überraschend, daß hier mehr als 1500 verschiedene Pflanzenarten identifiziert worden sind. Von April bis September fällt das Auge auf die weißen Blüten der *cliffrose (Cowania mexicana)*, ein Strauch, der überall entlang der West und East Rim-Straße, und bis hinunter zur Tonto-Plattform wächst, ein besonders beliebtes Fressen für die Maulesel. Die Rinde wurde von Indianern zu Sandalen, Matten und Seilen verarbeitet, und die Navajo und Hopi schnitzten ihre Pfeile aus den Ästen.

Mehrere *Yucca* - und *Agave* -Arten wachsen innerhalb der Parkgrenzen. Unter den richtigen klimatischen Bedingungen blüht eine Yucca-Pflanze jedes Jahr, wohingegen die Agaven in ihrer gesamten Lebenszeit nur einmal blühen. Eine dieser Pflanzen speichert über die Jahre hinweg

Kohlenhydrate in der Basis, bis eines Tages plötzlich ein hoher Stamm emporschießt. Kurz darauf stirbt die ganze riesige Pflanze. Die Yucca- und Agave-Pflanzen waren für die Indianer wichtige Spender für Fasern, Nahrungsmittel, Seife und

Medizin.

Besonders häufig anzutreffende Waldblumen sind *Indian paintbrush* (*Castilleja* spp.) und Lupinen (*Lupinus* spp.). Die „Malpinsel"- Blumen haben ein parasitenähliches Verhältnis zu anderen Pflanzen. Ihre leuchtendroten Blütenblätter sind in Wirklichkeit Deckblätter, die die eigentlichen Blüten umüllen. Es gibt neun Lupinenarten im Park. Ihr kennzeichnendes Blatt besteht aus vier bis acht kleinen Blättchen, die aus einem gemeinsamen Punkt herauswachsen. In den leicht gerollten Blättchen sammeln sich Regentropfen oder Tau, eine wichtige Wasserquelle für kleine Tiere. Zudem binden Lupinen Stickstoff in den Boden. Im Spätsommer wächst überall an den Wegrändern des oberen Canyon die *hoary aster* (*Aster canescens*) mit ihren lila Blüten und der gelber Blütennabe.

Von Mai bis Juni können Wanderer im Inner Gorge und Rafter die gelben Blüten des graublättrigen *brittlebush* (*Encelia* spp.) bewundern. Den Bighorn-Schafen dient dieser Strauch zum Grasen. Seine brüchigen Zweige geben nach dem Brechen einen gummiartigen Stoff ab und wurden

von den Indianern wie Kaugummi gekaut. Dieser Strauch ist in der Sonora Desert (südliches Arizona und nördliches Mexiko) das am häufigsten anzutreffende Gebüsch und erreicht mit dem Grand Canyon seine Grenze im Norden.

Die relativ kalten Wintertemperaturen des Canyon verhindern das Wachstum von Riesenkakteen wie der berühmten *saguaros* Südarizonas, aber es wachsen immerhin zwei Dutzend kleinerer Kakteenarten. Dazu gehören drei weitverbreitete Feigenkaktusarten (*Opuntia* spp.), die leicht auseinanderzuhalten sind; Der *beavertail*-Kaktus (*Opuntia basilaris*) blüht tiefrot und hat keine langen Stacheln. Der *Grizzly bear*-Kaktus (*Opuntia erinacea*) ist mit langen, weich aussehenden Stacheln bedeckt und hat rosa Blüten. Der gelbühende *desert prickly pear* -Kaktus (*Opuntia phaecantha*) hält sich stachelmäßig zwischen diesen beiden Extremen.

Englemanns Feigenkaktus.
FOTO © LARRY ULRICH

Colorado Wunderblume.
FOTO © RANDY PRENTICE

Gauklerblume.
FOTO © TOM TILL

GEGENSEITE: Datura-Blüten und Granitwand. FOTO © TOM TILL

SEITE 56, 57: Toroweap Overlook bei Sonnenaufgang. FOTO © CARR CLIFTON

SÄUGETIERE

Kojote.

FOTOS (3) © TOM & PAT LEESON

Maultierhirsch.

Erdhörnchen.

Sechsundsiebzig verschiedene Säugetierarten leben im Canyon. Am häufigsten trifft man auf das Felshörnchen (Spermophilus variegatus). Im Gegensatz zum Albert- und Kaibab-Eichhörnchen lebt diese Art hauptsächlich in Erdlöchern. Sein grelles, trillerndes Pfeifen wird oft fälschlich für den Ruf eines Vogels gehalten. Werden diese Tiere von Menschen gefüttert, können sie sich stark vermehren und und mit ihrem Biß Krankheiten - sogar die Pest! - verbreiten.

Im Grand Canyon Nationalpark leben drei verschiedene Backenhörnchenarten (Chipmunks) sowie das Erdhörnchen (Spermophilus lateralis), das ähnlich aussieht aber keine Backenstreifen hat. Am Südrand ist nur das cliff - Chipmunk (Tamias dorsalis) verbreitet, am Nordrand leben ebenfalls cliff - Chipmunks, aber auch Uinta - Chipmunks (Tamias umbrinus) und least - Chipmunks (Tamias minimus). Nur das cliff - Backenhörnchen ist auch im Canyon bis zur Tonto Platform anzutreffen.

Im Jahre 1913, vor dem Nationalparkstatus und lange bevor man eingesehen hatte, daß Raubtiere im Gleichgewicht der Natur eine äußerst wichtige Rolle spielen, kam Präsident Theodore Roosevelt zum Grand Canyon, um Pumas (Felis concolor) zu jagen. Diese Jagd wurde in dem klassischen Kinderbuch Brighty of the Grand Canyon wiedergegeben.

Früher streiften große Herden Dickhornschafe (desert bighorn sheep - Ovis canadensis) durch den Südwesten und bildeten eine wichtige Nahrungsquelle für die ursprünglichen Einwohner. Bereits gegen Ende des neunzehnten Jahrhunderts waren sie jedoch durch das uneingeschränkte Jagen und durch von Herdenschafen übertragene Krankheiten fast völlig ausgerottet worden. Die Bighorns mußten sich im Grand Canyon auch gegen die dort verbreiteten wilden Maulesel - Abkömmlinge von Tieren, die in früheren Jahren von Erzsuchern und Farmern ausgesetzt worden waren - behaupten, bis die wilden Mulis in den Siebziger Jahren wieder aus dem Gebiet entfernt wurden.

Das ringtail (Bassariscus astutus), ein Verwandter des Waschbären, sieht ähnlich aus wie ein Fuchs, hat aber ungefähr die Größe einer Hauskatze. Gewöhnlich leben diese Tiere in Wassernähe. Sie sind ausgezeichnete Jäger; als Beute dienen ihnen Mäuse, Eichhörnchen, Waldratten und Kaninchen. Außerdem fressen sie auch Aas, Vögel, Eidechsen, Schlangen, Kröten, Insekten, Früchte und Blütennektar. Wie die Baumeichhörnchen können sie ihre Hinterbeine um fast 180 Grad drehen, was ihnen beim Herunterklettern von Bäumen oder Felsen ausgezeichneten Halt gibt.

Fünf verschiedene Rattenarten (Neotoma spp.) nennen den Grand Canyon ihr Heim. Jede Spezies hat ihre ökologisch genau umrissene Nische im Lebensraum. Alle Arten bauen sich „Häuser" aus Zweigen, Blättern und anderen interessanten Objekten wie Blechdosen, Löffel, Kot und Steinen. Tief innen in dem Haufen ist das eigentliche Nest, das aus feinerem Material, wie zum Beispiel zerfaserter Baumrinde, besteht,. Für die Camper ein besonderes Ärgernis sind die Mäuse (Peromyscus spp.), von denen sich mehrere Arten hier tummeln. Oft wird der müde Wanderer von ihrem Getrippel aufgeweckt, wenn sie nachts über Essensvorräte, den Rucksack oder den Schlafsack laufen. Schon 1889 beschrieb sie C. Hart Merriam als „über die Maßen stark verbreitet".

Puma.

FOTOS (2) © TOM & PAT LEESON

Stachelschwein.

Wüsten-Dickhornschaf.

FOTO © MARY ALLEN

Canyon-Laukfrosch. FOTO © DUGALD BREMNER

Canyon - Klapperschlange. FOTO © CHARLY HEAVENRICH

Krötenechse. FOTO © STEWART AITCHISON

Fünfunddreißig Reptilienarten und ein halbes Dutzend Amphibien sind im Grand Canyon zu Hause. Die Grand-Canyon-Klapperschlange *(Crotalus viridis abyssus)* ist eine sand- bis rosafarbene Form der Prärie-Klapperschlange und wird nur hier im Canyon angetroffen. Diese Schlange lebt meist im Wüstengebüsch oder entlang Gewässern, aber sie wurde 1929 erstmals 100 Meter unterhalb des South Rim auf dem Tanner Trail wissenschaftlich als Unterart identifiziert. Sie ernährt sich hauptsächlich von Eidechsen, Mäusen und Ratten.

Auf den ersten Blick wird die *gopher snake (Pituophis melanoleucus)*, eine ungiftige Natternart, oft mit der Klapperschlange verwechselt. Wird sie überrascht, kann diese Schlange ihren Kopf dreieckig umformen, laut zischen und den Schwanz vibrieren lassen, so daß potentielle Feinde - einschließlich Menschen - glauben, sie seien mit einer giftigen Schlange konfrontiert. Aber diese Nattern haben keine Giftzähne; sie töten ihre Beute - Mäuse und Vögel - indem sie sie wie eine Boa constrictor umschlingen.

Drei verschiedene Eidechsenarten, *Uta stansburiana, Sceloporus undulatus* und *Urosaurus ornatus*, sind überall im Park anzutreffen; kleine, schnelle Reptilien, für den ungeschulten Beobachter nur schwer voneinander zu unterscheiden.

Die auffallende Mexikanische Krötenechse *(mountain short-horned lizard - Phrynosoma douglassi)*, ist an beiden Rims anzutreffen, aber nicht im Canyon selbst, obwohl dort eigentlich auch ein geeignete Lebensraum wäre - für Biologen noch ein Rätsel. Wenn sie sich angegriffen fühlen, spritzen diese Echsen zur Abschreckung Blut aus den Augen.

Die *whiptail lizards (Cnemidophorus tigris)* sind lange, dünne Reptilien, die sich auf eine für diese Echsenart bezeichnende ruckartige, roboterhafte Weise fortbewegen, wenn sie in Felsspalten und im losen Sand nach Futter suchen. Sie spüren ihre Beute, hauptsächlich Käfer und Flieger, mit ihrem ausgezeichneten Geruchsinn auf.

Eines der schönsten Reptilien im Canyon ist der Halsbandleguan *(Crotaphytus spp.)*. Man findet zwei verschiedene Arten dieser Echse im Nationalpark: eine braune und eine blau-grüne Version. Beide leben im Wüstengebüsch im Inneren des Canyon, die braune Art tritt auch manchmal am South Rim auf.

Amphibien sind von Natur aus Tiere, die Wasser brauchen. Einige von ihnen, wie die Schaufelfußkröte *(Scaphiophus spp.)* verharren unterirdisch bis der Sommerregen beginnt. Trotz seines Namens trifft man den kleinen Canyon - Laukfrosch *(Hyla arenicolor)* selten auf Bäumen an, sondern häufiger unter Steinen bei oder in Bächen. Man würde diesem Winzling sein lautes, schafähnliches Blöken nicht zutrauen. Der Leopardfrosch *(Rana pipiens)* ist nur an einer bestimmten Marschlandstelle am Colorado River anzutreffen, doch wird sich vielleicht der Lebensraum für diese Froschart in Zukunft vergrößern, da sich durch den Glen Canyon Dam die Uferökologie verändert.

Skorpion. FOTO © LARRY ULRICH

Gefleckte Klapperschlange. FOTO © LARRY LINDAHL

Halsbandleguan. FOTO © LARRY LINDAHL

VÖGEL

Buschblauhäher. FOTO © TOM und PAT LEESON

Feuertangar, Männchen. FOTO © TOM und PAT LEESON

Schwarzkopfhäher. FOTO © TOM und PAT LEESON

Mehr als 300 Vorgelarten sind im Canyon gezählt worden. In den hochgelegenen, kühlen Borealwäldern des Kaibab-Plateaus finden sich das Waldhuhn *Dendragapus obscurus*, der Rotbrustkleiber, der Winter - Junco (Junco hyemulis), der Sängervireo (*Vireo gilvus*), der Berghüttensänger (*Sialia currucoides*) und Breitschwanzkolibri (*Selasphorus platycercus*).

Etwas weiter unten im Ponderosa-Nadelwald häufig anzutreffende Vogelarten sind Pygmäen- und Weißbrustkleiber (*Sitta carolinensis*), die Chickadee - Meisenart *Parus gambeli*, und der Specht *hairy woodpecker*. Habichte sind relativ selten, leben während aller Jahreszeiten im Canyon und stellen für die Albert- und Kaibab-Eichhörnchen die größte Gefahr dar.

Überall im ganzen Canyonbereich, vom Fluß bis zum Rand, sieht man Raben. Diese großen glänzendschwarzen Vögel segeln unermüdlich auf den Aufwinden der Schlucht und suchen ihr Fressen gern in den von Menschen zurückgelassenen Abfällen. An ihrem großen Schnabel und dem im Flug keilförmig ausgestellten Schwanz läßt sich der Rabe gut von

der kleineren amerikanischen Krähe unterscheiden, die nur gelegentlich am Rim auftaucht.

Zur selben Familie wie die Raben gehören auch die Häher, von denen drei Arten an den Canyonrändern gesehen werden. Der Schwarzkopfhäher (*Cyanocitta stelleri*) ist an seinem Kamm gut zu erkennen. Buschblauhäher (*Aphelocoma coerulescens*) sind nicht ganz so auffallend im Aussehen und ihr Blau ist etwas gedämpfter. Die geselligen Pinienhäher haben blaßblaues Gefieder und treten in großen, lauten Scharen auf.

Das eindringliche, hoch beginnende, dann absteigende Trillern des Zaunkönigs *Catherpes mexicanus* ist der bezeichnendste Vogelruf im ganzen Canyon. Sein Vetter, der Felsenzaunkönig (*Salpinctes obsoletus*) baut sein Nest versteckt unter Felsvorsprüngen, wo er einen mit kleinen flachen Steinen gepflasterten Eingangsweg anlegt.

Das durch den Glen Canyon Dam verursachte neue Ökosystem des Canyon hat neuen Lebensraum für bestimmte Insektenarten geschaffen, was zu einer Vermehrung der Mauersegler und Schwalben

geführt hat. Diese Vögel sind eine beliebte Beute für Wanderfalken, deren Anzahl auch dementsprechend dramatisch gewachsen ist. Ein Wanderfalkenpaar baut durchschnittlich alle fünf Kilometer den ganzen Canyon entlang ein Nest, was die größte Dichte von Wanderfalkennestern außerhalb Alaskas darstellt.

Aus der Anzahl der Knochenfunde zu schließen, muß in prähistorischen Zeiten der Kalifornische Kondor in großer Anzahl vertreten gewesen sein. Die letzte verläßlich dokumentierte Sichtung einer dieser Riesenvögel ist im Jahre 1881 verzeichnet, obwohl möglicherweise auch 1924 noch einmal ein Kondor in der Nähe von Williams gesehen wurde. Seit 1996 sind Kondore im Bereich der Vermilion Cliffs freigelassen worden, wo man sie auch hin und wieder majestätisch über dem Grand Canyon dahingleiten sieht. Es besteht die Hoffnung, daß sie hier auch brüten werden.

Berghüttensänger, Männchen. FOTO © TOM und PAT LEESON

Wanderfalke. FOTO © TOM und PAT LEESON

Rabe. FOTO © STEWART AITCHISON

GEGENSEITE: Amerikanischer Uhu auf Sandsteinfelsbank. FOTO © JEFF GNASS

ALLGEMEINE INFORMATIONEN

UNFÄLLE UND NOTARZT:

24-STUNDEN-NOTRUF:

Telefonnummer: 911 (*Von Hotelzimmern 9-911*)

GRAND CANYON CLINIC
(520) 638-2551

STRASSENINFORMATIONEN:

GRAND CANYON 1 (520) 638-7888
ARIZONA   1 (520) 779-2711
COLORADO   1 (303) 639-1111
NEVADA   1 (702) 486-3116
NEW MEXICO   1 (800) 432-4269
UTAH   1 (801) 964-6000

WEITERE INFORMATIONEN:

NATIONALPARKS IM INTERNET:
www.nps.gov

GRAND CANYON NATIONAL PARK
PO Box 129
Grand Canyon, AZ 86023-0129
(520) 638-7888
www.thecanyon.com/nps

ARIZONA STRIP INTERPRETIVE ASSOCIATION
345 E. Riverside Drive
St. George, UT 84790
(435) 688-3246
(435) 688-3258 (FAX)

GRAND CANYON ASSOCIATION
PO Box 399
Grand Canyon, AZ 86023
(520) 638-2481
(520) 638-2484 (Fax)
www.grandcanyon.org

GRAND CANYON FIELD INSTITUTE
PO Box 399
Grand Canyon, AZ 86023
(520) 638-2485
(520) 638-2484 (Fax)
www.thecanyon.com/fieldinstitute

GRAND CANYON TRUST
2601 N. Fort Valley Road
Flagstaff, AZ 86001
(520) 774-7488
(520) 774-7570 (FAX)
www.grandcanyontrust.org

KAIBAB NATIONAL FOREST
800 6th Street
Williams, AZ 86046
(520) 635-8200
www.fs.fed.us/r3/kai

MUSEUM OF NORTHERN ARIZONA
3101 N. Fort Valley Road
Flagstaff, AZ 86001
(520) 774-5211
(520) 779-1527 (FAX)
www.musnaz.org

PUBLIC LANDS INTERPRETIVE ASSOCIATION
Operates the Kaibab Plateau, and Williams Forest Service Visitor Centers.
6501 4th Street NW, Suite I
Albuquerque, NM 87107
(505) 345-9498
(505) 344-15432 (FAX)

UNTERKUNFTSMÖGLICHKEITEN IM PARK:

AMFAC PARKS & RESORTS
14001 E. Iliff, Suite 600
Aurora, CO 80014
(303) 29 -PARKS
(303) 297-3175 (Fax)
www.amfac.com

GRAND CANYON NATIONAL PARK LODGES
PO Box 699
Grand Canyon, AZ 86023
(520) 638-2631
(520) 638-9247 (Fax)

CAMPINGPLÄTZE IM PARK:

BIOSPHERICS
3 Commerce Drive
PO Box 1600
Cumberland, MD 21501
(800) 365-2267

UNTERKUNFTSMÖGLICHKEITEN AUSSERHALB DER PARKGRENZEN:

FLAGSTAFF CHAMBER OF COMMERCE
101 West Route 66
Flagstaff, AZ 86001
(520) 774-4505

FLAGSTAFF VISITOR CENTER
1 East Route 66
Flagstaff, AZ 86001
(800) 842-7293
(520) 774-9541 (Fax)
www.flagstaff.az.us.com

GRAND CANYON CHAMBER OF COMMERCE
PO Box 3007
Highway 64 & 180
Grand Canyon, AZ 86023
(520) 638-2901
www.thecanyon.com/chamber

KANAB AREA CHAMBER OF COMMERCE
78 South 100 East
Kanab, UT 84741
(800) 733-5263
(435) 644-5033
www.kaneutah.com

PAGE/LAKE POWELL CHAMBER OF COMMERCE & VISITOR INFORMATION
644 North Navajo, Suite C
PO Box 727
Page, AZ 86040
(888) 261-PAGE
(520) 645-2741
(520) 645-3181 (Fax)
e-mail: chamber@page-lakepowell.com

WILLIAMS-GRAND CANYON CHAMBER OF COMMERCE
200 West Railroad Avenue
Williams, AZ 86046
(520) 635-1418
(520) 635-1417 (Fax)
www.thegrandcanyon.com

REITEN (PFERDE UND MAULESEL):

GRAND CANYON NATIONAL PARK LODGES
PO Box 699
Grand Canyon, AZ 86023
(520) 638-2631
(520) 638-9247 (Fax)

GRAND CANYON TRAIL RIDES
PO Box 128
Tropic, UT 84776
(435) 679-8665
www.onpages.com/canyonrides/

WILDWASSER-RAFTING:

Hinweis: Der **Backcountry Trip Planner** *enthält eine Liste aller Rafting-Anbieter im Park. Eine Kopie erhalten Sie auf Anfrage von:*
GRAND CANYON VISITOR CENTER
PO Box 129
Grand Canyon, AZ 86023
520-638-7771
www.thecanyon.com/nps

GRAND CANYON RAILWAY:

GRAND CANYON RAILWAY
1201 West Route 66, Suite 200
Flagstaff, AZ 86001
(800) THE-TRAIN (843-8724)
(520) 773-1610 (FAX)
www.thetrain.com

GRAND CANYON FLÜGE:

AIR GRAND CANYON
PO Box 3399
Grand Canyon, AZ 86023
(800) 247-4726
(520) 638-2686
www.airgrandcanyon.com

AIR STAR HELICOPTERS, INC.
PO Box 3379
Grand Canyon, AZ 86023
(800) 962-3869
(520) 638-2139
(520) 683-2607 (Fax)
www.airstar.com

EAGLE SCENIC AIRLINES
275 E. Tropicana Avenue, Suite 220
Las Vegas, NV 89109
(800) 446-4584
(702) 736-3333
(702) 736-8431 (FAX)
www.eagleair.com

GRAND CANYON AIRLINES
PO Box 3038
Grand Canyon, AZ 86023
(520) 638-2407
(520) 638-9461 (Fax)
www.grandcanyonairlines.com

KENAI HELICOPTERS
PO Box 1429
Grand Canyon, AZ 86023
(800) 541-4537
(520) 638-2764
(520) 638-9588
www.flykenai.com

PAPILLON HELICOPTERS
PO Box 455, Highway 64
Grand Canyon, AZ 86023
(800) 528-2418
(520) 638-2419
(520) 638-3235 (Fax)
www.papillon.com

ANDERE SEHENSWÜRDIGKEITEN:

BRYCE CANYON NATIONAL PARK
Bryce Canyon, UT 84717
(435) 834-5322

CEDAR BREAKS NATIONAL MONUMENT
PO Box 749
Cedar City, UT 84720
(435) 586-9451

GLEN CANYON NATIONAL RECREATION AREA
PO Box 1507
Page, AZ 86040
(520) 645-2471

HAVASUPAI INDIAN RESERVATION
Supai, AZ 86435
Campground: (520) 448-2121
Lodging: (520) 448-2111

HOPI INDIAN RESERVATION
Hopi Cultural Center
PO Box 67
Second Mesa, AZ 86043
(520) 734-2401

HUALAPAI INDIAN RESERVATION
Peach Springs, AZ
(520) 769-2419

KAIBAB PAIUTE INDIAN RESERVATION
Cultural Office
HC 65, Box 2
Fredonia, AZ 86022
(520) 643-7214

LAKE MEAD NATIONAL RECREATION AREA
601 Nevada Highway
Boulder City, NV 89005-2426
(702) 293-8907

MESA VERDE NATIONAL PARK
Mesa Verde National Park, CO 81330
(970) 529-4461

MONTEZUMA CASTLE NATIONAL MONUMENT
PO Box 219
Camp Verde, AZ 86322
(520) 567-3322

MONUMENT VALLEY NAVAJO TRIBAL PARK
PO Box 360289
Monument Valley, UT 84536
(435) 727-3353 or 727-3287

NAVAJO NATION
PO Box 9000
Window Rock, AZ 86515
(520) 871-6647

NAVAJO NATIONAL MONUMENT
HC 71, Box 3
Tonalea, AZ 86044-9704
(520) 672-2366 or 672-2367

PETRIFIED FOREST NATIONAL PARK
PO Box 217
Petrified Forest, AZ 86028
(520) 524-6228

PIPE SPRING NATIONAL MONUMENT
HC 65, Box 5
Fredonia, AZ 86022
(520) 643-7105

TUZIGOOT NATIONAL MONUMENT
PO Box 219
Camp Verde, AZ 86322
(520) 634-5564

WALNUT CANYON NATIONAL MONUMENT
2717 N. Steves Blvd., Suite 3
Flagstaff, AZ 86004
(520) 526-3367

WUPATKI & SUNSET CRATER VOLCANO
NATIONAL MONUMENTS
2717 N. Steves Blvd., Suite 3
Flagstaff, AZ 86004
(520) 556-7042

ZION NATIONAL PARK
Springdale, UT 84767
(435) 772-3256

LEKTÜRE:

Abbey, Edward. *DESERT SOLITAIRE*. (1968). Reprint. New York, NY: Ballantine Books. 1971.

Aitchison, Stewart. *A WILDERNESS CALLED GRAND CANYON*. Stillwater, MN: Voyageur Press, Inc. 1991.

Aitchison, Stewart. *GRAND CANYON: NATIONAL PARK: POCKET PORTFOLIO*. Mariposa, CA: Sierra Press. 1997.

Anderson, Michael F. *LIVING AT THE EDGE: EXPLORERS, EXPLOITERS AND SETTLERS OF THE GRAND CANYON REGION*. Grand Canyon, AZ: Grand Canyon Association. 1998.

Carothers, Steven W. & Brown, Bryan T. *THE COLORADO RIVER THROUGH GRAND CANYON*. Tucson, AZ: University of Arizona Press. 1991.

Collier, Michael. *WATER, EARTH, AND SKY: THE COLORADO RIVER BASIN*. Salt Lake City, UT: University of Utah Press. 1999.

Fletcher, Colin. *THE MAN WHO WALKED THROUGH TIME*. New York, NY: Alfred A. Knopf. 1967.

Grattan, Virginia L. *MARY COLTER: BUILDER UPON THE RED EARTH*. Grand Canyon, AZ: Grand Canyon Association. 1992.

Hall, Joseph G. *LINEA: PORTRAIT OF A KAIBAB SQUIRREL*. Grand Junction, CO: Joseph Hall. 1998.

Houk, Rose. *AN INTRODUCTION TO GRAND CANYON ECOLOGY*. Grand Canyon, AZ: Grand Canyon Association. 1996.

Lamb, Susan. *GRAND CANYON: THE VAULT OF HEAVEN*. Grand Canyon, AZ: Grand Canyon Association. 1995.

Leach, Nicky. *THE GUIDE TO THE NATIONAL PARKS OF THE SOUTHWEST*. Tucson, AZ: Southwest Parks & Monuments Association. 1992.

Powell, John Wesley. *THE EXPLORATION OF THE COLORADO RIVER AND ITS CANYONS*. (1895). Reprint. New York, NY: Dover Publications, Inc. 1961.

Price, L. Greer. *AN INTRODUCTION TO GRAND CANYON GEOLOGY*. Grand Canyon, AZ: Grand Canyon Association. 1999.

Reisner, Marc. *CADILLAC DESERT*. (1986). Reprint. New York, NY: Penguin Books. 1993

Schmidt, Jeremy. *GRAND CANYON: A NATURAL HISTORY GUIDE*. New York, NY: Houghton Mifflin Co. 1993.

Schwartz, Douglas W. *ON THE EDGE OF SPLENDOR: EXPLORING GRAND CANYON'S HUMAN PAST*. Santa Fe, NM: The School of American Research. n.d.

Stegner, Wallace. *BEYOND THE HUNDREDTH MERIDIAN*. New York, NY: Penguin Books. 1992.

Thybony, Scott. *OFFICIAL GUIDE TO HIKING THE GRAND CANYON*. Grand Canyon, AZ: Grand Canyon Association. 1997.

Wilson, Jim & Wilson, Lynn & Nicholas, Jeff. *GRAND CANYON: A VISUAL STUDY*. Mariposa, CA: Sierra Press. 1991.

Zwinger, Ann Haymond. *DOWNCANYON: A NATURALIST EXPLORES THE COLORADO RIVER THROUGH THE GRAND CANYON*. Tucson, AZ: University of Arizona Press. 1995.

DANKSAGUNG:

Mein besonderer Dank gilt Pam Frazier, L. Greer Price, David Blacker und den hervorragenden Mitarbeitern der Grand Canyon Association; Ellis Richard, Interpretationsleiter, und seinem wunderbaren Mitarbeiterstab bei der Grand Canyon's Interpretive Division; der freundlichen Mannschaft der Grand Canyon Museum Collection; Stewart, Rose und Darlece, die außergewöhnliche Materialien in Rekordzeit auftrieben; allen Fotografen, die während der Bearbeitung dieses Buches ihre persönlichen Eindrücke des Grand Canyon mit uns teilten sowie den hilfreichen Leuten von Sung In Printing, America, für die herrliche Drucklegung. Allen meinen tiefstempfundenen Dank! JDN

PRODUCTION CREDITS:

Autor: Stewart Aitchison
Lektor: Rose Houk
Design: Jeff D. Nicholas
Bildredaktion: Jeff D. Nicholas and
        Laura M. Bucknall
Illustrationen: Darlece Cleveland
Produktionskoordinator: Laura M. Bucknall
Druckkoordinator: Sung In Printing
        America, Inc.

SIERRA PRESS

4988 Gold Leaf Drive
Mariposa, CA 95338
(800) 745-2631, (209) 966-5071, (209) 966-5073 (Fax)

e-mail: siepress@yosemite.net
Besuchen Sie uns auch im World Wide Web:
www.nationalparksusa.com

GEGENSEITE:

Sonnenaufgang im Winter, Yavapai Point, South Rim.

SIERRA PRESS